庆祝浙江工业大学建校70周年

中国大学校友创新创业采风丛书

奋楫扬帆正当时

浙江工业大学校友创新创业范例

主　编　蔡袁强　虞晓芬

副主编　赵　彬　沈亚英　应四爱

ZHEJIANG UNIVERSITY PRESS
浙江大学出版社
·杭州·

图书在版编目（CIP）数据

奋楫扬帆正当时：浙江工业大学校友创新创业范例 /
蔡袁强，虞晓芬主编. — 杭州：浙江大学出版社，
2023.9
ISBN 978-7-308-24060-4

Ⅰ．①奋… Ⅱ．①蔡… ②虞… Ⅲ．①浙江工业大学
－校友－创业－案例 Ⅳ．①F249.214

中国国家版本馆CIP数据核字(2023)第145938号

奋楫扬帆正当时——浙江工业大学校友创新创业范例

蔡袁强　虞晓芬　主编

策划编辑	季　峥
责任编辑	季　峥
责任校对	潘晶晶
封面设计	十木米
出版发行	浙江大学出版社
	（杭州市天目山路148号　　邮政编码　310007）
	（网址：http://www.zjupress.com）
排　　版	杭州林智广告有限公司
印　　刷	杭州高腾印务有限公司
开　　本	710mm×1000mm　1/16
印　　张	15.25
字　　数	272千
版 印 次	2023年9月第1版　2023年9月第1次印刷
书　　号	ISBN 978-7-308-24060-4
定　　价	86.00元

前　言

在中华民族伟大复兴战略全局和世界百年未有之大变局的时代形势下，为实现科教兴国战略、人才强国战略、创新驱动发展战略联动，培育高水平人才，高校需勇担重任。

浙江工业大学作为东部沿海地区第一所省部共建高校、首批国家"高等学校创新能力提升计划"（2011 计划）协同创新中心牵头高校，一直牢记习近平总书记在浙江工作期间的嘱托，努力把学校建设成为各类优秀人才的培养基地和工程科学技术的研究开发基地。近 20 年来，学校坚守"为党育人、为国育才"的初心使命，坚持立足国情和区域实际，在创新创业教育方面开展了有效的探索，创新创业实践走在了省属高校的前列。

学校于 2015 年 9 月成立创业学院，依托高校+政府+企业三位一体的合作模式，打造人才培养+成果转化+资源拓展三位一体的办学功能，培养具有创新精神、创业意识和创业能力的高素质创新创业型人才，在奋力推进"两个先行"的新征程中，为浙江省经济社会发展提供更高质量的人才支撑和智力支持。

学校坚持"以创新引领创业，以创业推动创新"的理念，深化"扎根—融通—铸魂"的创新创业教育体系建设，入选首批国家级创新创业学院建设单位，被评为50 所"全国创新创业典型经验高校"之一。学校在近三届中国国际"互联网+"创新创业大赛获金奖 11 项，其中，第五、六届获金奖数均位列全国高校第 3 位、地方性本科院校第 1 位，是迄今唯一斩获大赛季军的地方性本科院校。

我校创新创业人才培养质量不断攀升，与此同时，广大校友中涌现出了一批批

1

在各自领域发光发热的杰出代表，他们用创业的实际行动和创新的骄人业绩演绎出"奔向明天的辉煌"。以校友商业成就和经济贡献为例，艾瑞深中国校友会网发布的中国大学富豪校友排行榜显示，2018—2020 年，我校连续 3 年处于前 25 位，位居全国高校前列。广大校友一个个创新创业的故事宛若一颗颗启明星，为更多有着创新创业梦想的青年照亮了前进航向。

为了进一步发掘和弘扬校友创新创业精神，推进学校人才培养模式改革，更好地激发和提升广大在校师生创新创业综合素质，我校于 2018 年起积极响应"中国大学校友创新创业采风丛书"编委会的倡议，由学校主要领导牵头，由学校合作发展处具体负责，组织相关力量进行了"浙江工业大学校友创新创业范例"系列丛书的采编工作。延续学校传统，赓续创业精神，本书为该丛书第二册。本项工作开始于 2022 年 7 月，我们从广大校友中遴选了 21 名创新创业杰出代表。本书的成文出版离不开 21 名受访的校友、学校合作发展处的同志、相关学院的师生对案例和点评的多轮修改、完善、确认。在此，对这 21 位杰出校友及参与本书编写工作的所有同志表示诚挚的感谢！

创新是一棒接一棒的接力赛，我校创新创业校友人才辈出，本书所选入的 21 位校友创新创业故事是众多创新创业校友中的代表和缩影。我们没有办法在本书中穷尽所有校友创新创业的华彩，后续还将继续发掘更多校友创新创业的经典故事。

奋楫者先，创新者强。培育创新创业精神只有进行时，没有完成时。2023 年是全面贯彻党的二十大精神的开局之年，学校也将迎来习近平总书记"两个基地"重要办学指示提出 20 周年和建校 70 周年华诞。浙江工业大学鼓励每位有创业梦想的校友和同学回应创业需求，增强培训能力，构建创新平台，助力有创新创业之梦的广大校友和在校师生扬帆起航。衷心祝愿每位创新创业者破浪前行，在学校校友创新创业的历史上再谱新章。

浙江工业大学党委书记　蔡袁强教授

2023 年 4 月于西子湖畔

目录

张德鸣

创新创业理念

机遇与挑战并存，迈出去才能拆掉思维的墙。

校友简介

　　张德鸣，男，1957年3月出生，湖州南浔人。1982年毕业于浙江化工学院（浙江工业大学前身）工业电气自动化专业。曾任杭州桐德纺织品有限公司董事长，浙江工业大学信息工程学院首批校外兼职教授。

　　1982年毕业后，就职于杭州第二毛纺织厂，曾任副厂长。

　　1992年，创办杭州桐德纺织品有限公司并担任董事长。

　　近年来，张德鸣将主要精力用于收集、汇编家谱和重修家族祠堂上。在家族成员的支持下，他修缮了苏州吴江七都镇群幸村具有530年历史的张氏宗祠建筑。此外，张德鸣设立了张德鸣文化建设基金，支持浙江工业大学信息学院大楼学术报告厅和学生创新创业基地的建设。

两代工大情，一世人生镜

——记工业电气自动化专业 1982 届校友　张德鸣

创业范例

1977 年冬天，关闭 11 年之久的高考之门重新打开。高考制度的恢复，不仅是一个国家与时代发展的拐点，更成为许多人命运的转折点。

采访拍摄时，张德鸣着一身"信息蓝"，在葵花地中格外醒目。那双眼睛明亮而坚定，传递着坚定务实的力量。

认真勤奋、不畏苦难，是他的行为习惯；

埋头苦干、脚踏实地，是他的行动准则；

感恩母校、尽己所能，是他的校友情怀。

作为高考制度恢复后第一届浙江工业大学的知名校友，张德鸣究竟有怎样波澜壮阔的人生？他又是如何一步一个脚印走到今天的？

青葱岁月，意气风发

1977 年底的高考，张德鸣填报的第一志愿是复旦大学的无线电专业，第二志愿是浙江大学的工业电子专业，第三志愿才是浙江化工学院工业企业电气装备专业（后改名为工业电气自动化专业）。但直到高考分数公布，张德鸣才意识到他高估了自己。等到 1978 年 2 月浙江化工学院全国招生录取完毕，一直没收到录取通知书的张德鸣已经做好了第二年再战的准备。然而，人生总会有奇迹发生。1个月后，邓小平同志号召全国高校深挖潜力再扩招。这一次，他选择认准浙江化工学院不动摇，最终被浙江化工学院工业电气自动化专业录取。

张德鸣与浙江工业大学（简称浙工大）之间的缘分远不止于此。张德鸣的家庭中有两代浙工大人，他的父母都是浙江化工学院教职工。在专业选择方面，父亲对理工技术有着由衷的喜爱，这也对张德鸣的专业选择产生了重大的影响。

回忆大学生活，张德鸣总是嘴角微翘，神采飞扬。大学期间，他积极参加学校的各项文体活动，如万米越野赛、排球赛、交谊舞会等，为紧张的大学学习生活增添了不少趣味与色彩。同时，他也是校篮球队主力队员，还是1978级全年级（仅7个班）女篮球队的教练，后来成了国家二级篮球裁判。1979年5月，他曾代表学校参加全省大学生篮球联赛，最终与队友一起为母校夺得浙江省亚军的荣誉。回想当年，多少个日夜，他们练到力竭；多少个赛场，他们互相鼓励；多少个落后的瞬间，他们顽强拼搏，最终攻克劲旅，取得了我校在全省高校篮球联赛史上的最好成绩。

在学校参加各类体育比赛的经历培养了张德鸣"不放弃、不认输"的精神。"趁着年轻就要多做尝试。当发现自己感兴趣的领域时，就要持之以恒。"作为改革开放后的第一批大学生，同时作为一名创业者，他更是感慨："在这个信息快速迭代的社会，万物更新，但踏实勤奋的品质永不过时。人生的路是靠自己走出来的，如果没有在学校养成良好的学习习惯，乐于主动吸收新知识，就永远跳不出思维的围墙。"

大学是人生中最重要的一个时间段，对世界观的形成以及人生道路的选择都有着重要影响。四年弹指一挥间，其中的成长却是不可估量的。张德鸣"始于"浙江工业大学，并不断前行，去更广阔的天地遨游，去创造更大的价值。

初入社会，崭露头角

没有智能手机，没有网络游戏，没有互联网带来的庞杂信息，在学习和运动循环往复的生活中，张德鸣顺利毕业。毕业后，他被分配到杭州第二毛纺织厂工作。匆匆收拾好行囊，他告别了校园。让他印象最为深刻的便是在杭州第二毛纺织厂宝

张德鸣回校分享创业经历

贵的工作经历。

"在任何时候，你都没有理由抱怨。"张德鸣微笑着感慨。任何一个企业都希望聘请能为企业解决问题和带来价值的员工，而不是喋喋不休的评论家。每一种貌似合理的抱怨声背后，都有另一种更好的选择，那就是——少说话，做一个不抱怨的行动者。在那个大学毕业包分配的年代，他的就业岗位与所学专业并不对口。尽管有些许失落，但秉着既来之、则安之的心态，他在工作中踏实肯干、不怕吃苦，并主动学习行业知识来提升自己。张德鸣说："在企业中，上司会更喜欢低调务实、脚踏实地的员工，并给予他们更多的升职机会。"

很快，这个从不抱怨又谦和勤奋的大学生引起了毛纺织厂领导的关注。4年后，他被提拔为毛纺织厂副厂长。在日复一日的工作中，他不断充实着自己的阅历，还意外发现了自己在工贸方面的兴趣与优势。

踌躇满志，逐梦商海

"毕业以后，我在毛纺织厂工作了8年，第4年当上副厂长，积累了很多实践经验。但当时的国有企业操作模式与市场经济未来的发展趋势不符，我就在想，若离开毛纺织厂，我该怎样在社会上立足？在评估了自己的资源以及各个行业的未来趋势后，我决定创业。"后来的事实也印证了张德鸣预测和决定的正确性。

"人生短短几十年，经历是最大的财富。"张德鸣如是说。年纪轻轻就成为有2200多名职工的国有企业副厂长，是令很多人艳羡的事情。可是他毅然决然地辞去工作，放弃很多人眼里的大好前程和丰富资源，只身一人去深圳打拼。从校园走到国企，他秉持一颗埋头苦干、脚踏实地的初心；从国企迈向改革开放的前沿深圳，他怀有对市场形势的大胆预测与踌躇满志。

本杰明·富兰克林曾说过："不做准备，就是在准备失败。"当今时代非常重视创新，但创新不是信手拈来的；时代鼓励创业，可创业也并不是一帆风顺的。张德鸣在深圳的发展并不顺利，遇到了许多挫折。不过很快，在毛纺织厂积累的工厂运作经验和在深圳工作所积累的出口贸易经验，让张德鸣意识到自己最为擅长的就是"实体+贸易"的企业发展模式。于是，他决定回杭州再起步，在不断的尝试中重新翻身。泰戈尔在《飞鸟集》中写道："信念是鸟，它在黎明仍然黑暗之际，感觉到光明，唱出了歌。"危机中必然存在机遇，关键是要跳出"只会从门口走"的固定思维模式，迅速从"窗口"跳出去，那么，展现在眼前的道路才会更宽阔。

提及创业，张德鸣认为这个选择是因人而异的，适合自己已有的条件最为重要。同时，他也表明："如果你想要自己创业当老板，必须先去你想要创业的同类行业就业一段时间，认清行业趋势，然后再问自己还想要创业吗？"创业的风险很大，且随着国内创业环境日趋完善，创业文化日渐风靡，创业者更应该谨慎选择，汲取前人失败的教训，站在巨人的肩膀上才能看得更高更远。此外，他还强调："不同地区有不一样的行业发展趋势，对上海，对杭州，或对三、四线城市来讲，都是不同的。"比如纺织印染行业在国内属于劳动密集、有污染、需要限制发展的行业，但在有些国家就是正在快速发展的行业。所以你想要在哪个地区发展，就要研究这个地区所需要的行业和人才。简单来说，就是要多做对比。

对于大学生刚毕业就创业这一问题，张德鸣抱有谨慎的态度。正如我们常常听到的"二八法则"：大约有 20% 的人会成功，而剩余的 80% 的人并不具备做老板的素质。怎样在众多的公司中快速成长、脱颖而出，怎样在波诡云谲的市场里持续盈利、创造财富，是每一个创业者都要仔细思考的问题。"关注行业趋势，尊重'二八法则'。"这是张德鸣给予学弟学妹们最恳切的建议。

对于本科毕业后的去向问题，考虑到当下招聘的大环境，张德鸣建议同学们尽可能继续深造。继续深造不仅仅是为了以后的职场道路更加顺利，更重要的是能够培养团队意识，让自己有能力进行团队建设和项目管理。到了大学，虽然有丰富的学术竞赛、各种课外活动，可是每个学生不一定都会去参与并解决问题。团队经验积累浅薄，导致本科生毕业后大多还是难以独当一面。而攻读研究生的话，学生需要独立做课题，这为入职后独立自主地解决问题奠定了较好的基础。在企业眼中，读研的过程相当于提前培训了进入职场后独立做项目及理解团队运作的内在体系的能力。

不论如何，一个人想要实现梦想，就要去追。"人的一生当中，不可能不遇到问题。一般人可能只会遇到普通的问题，但是要想成就一番事业，就很可能会遇到重大的问题和挫折。在这个过程当中，若是没有执着，怎么可能解决问题？如果没有追梦的境界，可能就半途而废了。所以人生就是一个追求的过程，就是要超越自我。"

思源致远，薪火相传

母校的悉心栽培，让张德鸣心里始终存有回报母校的情怀。浙工大建校 65 周年返校活动中，信息工程学院首次聘任校外兼职教授、企业导师，拉开了校企合作、协同育人的序幕。张德鸣作为第一批兼职教授，回到学校，给青年学子答疑解惑，指明人生方向。回到浙工大校园，他也为在校的学弟学妹们感到高兴：母校在浙江高校中位居前列，学院实验室内设备一应俱全，各种实习实训平台丰富，学院各专业优势突出，为学子们的未来提供的平台越来越大。

同时，在信息工程学院建院 41 周年之际，张德鸣还参与了两个捐赠项目：一个是建设信息大楼的学术报告厅，另一个就是建设学生创新创业基地。

一所大学除了日常的教学工作外，还要经常举行各种高水平的学术交流活动，以提升学校的科研教学水平及知名度。张德鸣希望每一位来信息学院进行学术交流的学者，都能感受到这里独特的文化底蕴和浓厚的学术气息。

在那个大学教育并不普及的年代，能在1977年恢复高考后被浙工大录取，张德鸣觉得自己非常幸运。四年的大学生活，不但让他系统地学到了本专业的知识，而且培养了他认真做人、踏实做事的生活态度，让他从一个懵懂的青年，成长为有雄心壮志、立志要为国家现代化伟大目标做出贡献的时代新人：是浙工大改变了他的人生。

大学四年是人生中最美好的一段时光，虽然很短暂，但对我们的一生有着潜移默化的影响。张德鸣希望同学们：第一，多读书。他觉得一个人的阅读量可以改变一个人的涵养，我们需要通过阅读来提升自我修养。第二，注重自身能力的培养，了解自己的长处与短处，结合自身特点做好人生的规划和选择。第三，作为新时代的大学生，要抓住时代的机遇，把握机会，活出精彩。

不管喜欢与否，当真正深入一个行业时，我们会发现自己注定是孤独的。没有

张德鸣受邀在信息学院本科生毕业典礼上致辞

人能代替我们去理解手中的工作应该如何处理。我们只能一个人不断摸索，不论成功与失败。每个人都需要从低到高，走好人生的每一级台阶。在这一过程中，压力一定会有，如果不能承受，那么最终的结果就是被社会淘汰，被自我淘汰。

有多高的境界，就思考多大的问题；有多大的胸怀，就干多大的事业；有多高的追求，就能够实现多大的目标；有多大的动力，就能产生多大的速度。

思源致远，薪火相传，张德鸣一直以自身的言行散发引路人的光芒。捐资助学，不仅是一种"落其实者思其树，饮其流者怀其源"的精神，更是学校文化的积淀与传承。

执笔人：信息工程学院 2020 级电气工程及自动化专业　范嘉怡

指导老师：信息工程学院　仲国民

案例分析

张德鸣用行动向我们诠释了"变"与"不变"的真正含义，"变"的是与时俱进和厚积薄发，"不变"的是他那脚踏实地的生活态度和勇往直前的实干精神。

"干一行，爱一行"是张德鸣一直不变的理念。他的这份爱不是一腔热血的肆意挥霍，而是有深度的、极富责任感的爱。他爱，所以他一直都在充实自己；他爱，所以他追求做到更好，也让更多的人听见了他的声音。一个有信念者所激发出来的力量不容小觑。

创新最需要的是企业家的魄力和对技术改革的执着。很多人抱着自己的雄心壮志轻易地选择了平庸且碌碌无为的人生；而张德鸣为了心中那道梦想的亮光，始终不曾停下追梦的脚步，如夸父逐日、精卫填海一般锲而不舍、义无反顾地走在这条艰辛的道路上。

机遇与挑战并存。那个时代赋予他的"危机感"，让他辞去稳定工作，投身商海，开启创业之路，不断尝试，重新翻身。"迈出去才能拆掉思维的墙"，面对变化，唯有创新。创新者的道路往往是孤独的，也存在许多坎坷和荆棘，但他从未言弃。创业是一件非常艰苦的事。王兴讲过："创业九死一生。"如果要选择创业这条路，一定要做好创业绝对不可能一次成功、必然会有失败的打算。创业一定要有强大的心理和充分的准备。张德鸣用实际行动告诉我们：只要肯坚持、不忘初心、勇于挑战和创新，未来可期。

当被问及想对母校学子说的话时，张德鸣首先想告诉学弟学妹们的便是：未来不可预测，成功的经历是可以借鉴学习的，但不可复制，路是自己走出来的。

或许，浙工大人的骨子里就流淌着创新务实、争创一流、敢为人先的血液。张德鸣无论是在本职工作岗位上，还是身处时代变革的大潮中，都能埋头苦干、脚踏实地，一步一个脚印地走出自己的风采。他也希望现在的浙工大学子能继承老一辈浙工大人创新务实、争创一流、敢为人先的优秀精神，继往开来，争做新时期变革浪潮中的弄潮儿，全力实现自己的个人价值、社会价值。

"我们国家在教育、医疗领域的发展现状与发达国家相比，还有差距。作为校友，我们能做的还有很多。"他从国企副厂长走到改革开放的第一线，从拥有自己的纺织企业到转战留学教育行业，他回报母校，再次点亮人生新起点。

"等你们有能力了，一定回来看看！"落实者思其树，饮流者怀其源。在母校65岁诞辰之际，校友归来，无时无刻不透露着对学生一辈的期许，鼓励学生们勇敢去尝试。和蔼可亲，是他给人的第一印象。跟他接触过的人都会感受到他作为信息人的创新务实。那种溢于言表的力量催人奋进，也带我们去寻找、创造更美好、更优秀的自己。张德鸣一提到自己的母校就自然而然地笑了，言辞之中难掩他对母校的热爱与对下一代的关怀。

他曾说过："愿你们像蓝色给人的感觉那样，低调务实，一步一个脚印，走出属于自己的一片蓝色的天空。等你有了能力，请一定要回来，报答母校对你的培养之恩。"

执笔人：信息工程学院 2020 级电气工程及自动化专业　刘诗雅

指导老师：信息工程学院　倪　彬

柴茂荣

创新创业理念

我只是一名匠人，国家需要我，我就来了。

柴茂荣，男，1963 年 6 月出生，浙江龙游人。1982
年本科毕业于浙江化工学院有机化工专业。1985 年硕士
毕业于大连理工大学应用化学专业，毕业后留校任讲师。
1988 年获日本文部省奖学金赴日留学。1991 年获九州
大学工学部化学机械（化学机理）与高分子材料理学（论
文）博士学位。1994 年获日本国立九州大学综合理工学
研究科材料工学专攻燃料电池化学和高分子材料科学博士
学位。1994—1997 年在日本通产省地球环境研究机构任
博士研究员；后就职于三井金属矿业株式会社，历任主任
研究员，触媒事业部开发部部长助理，三井金属（珠海）环
境技术有限公司董事副总经理、总经理，三井金属综合研
究所副所长兼电池研究中心主任，NEDO 燃料电池课题组
长，RESIN 固态锂电池项目专家组长，总部企划室室长、
副总裁助理等。是燃料电池铂炭催化剂的发明者之一，也
是燃料电池氢气溢流理论的提出者之一。作为著名的燃料
电池专家，是日本国家电池开发研究机构的 15 人小组成
员之一。

2017 年 4 月至今，任国家电力投资集团有限公司氢
能首席专家、氢能型号总师，国家电投集团氢能科技发展
有限公司董事、首席技术官；同时任日本埼玉工业大学教
授。曾任中国汽车工业协会理事、摩托车分会常务理事，
《中国科学：材料科学（英文版）》期刊编委，《节能与新能
源汽车技术路线图（2.0 版）》编委会成员。在 Science 等
期刊发表论文 50 余篇，获得专利近 70 项，编写《新能源
汽车技术》教材。2021 年获得中国能源化学地质系统"大
国工匠"称号。

初心在方寸，咫尺在匠心

——记有机化工专业 1982 届校友　柴茂荣

创业范例

每年 3 月中下旬，日本的樱花灿烂开放……

当看到微信朋友圈中一张张日本樱花盛开的照片时，柴茂荣都会不由得想起 2017 年的春天。当时，他不顾家人的反对，毅然从日本三井集团辞职，匆匆赶上一架航班，飞回自己的祖国。

"樱花以毕生的美丽印证爱的坚贞，如说这一瓣萎而不凋，凋而不碎，碎则至末，如此傲骨谁若堪比……走过了多少个繁花岁月，如今却在中日两国之间繁忙地奔波。但愿有一天，能够静下心来，如樱，去寻找心灵深处向往的美丽和心灵执念抵达的归处……"

柴茂荣的前半生就如他自己所写的这首《樱花赋》：理想如樱花一般坚守，盛放如樱花一般灿烂。

除了学习，那都不是事情

1978 年，呈现在 15 岁的柴茂荣面前的，是烂柯山下那一间间不太起眼的小房子。浙江化工学院，就是一切缘起的地方。

15 岁的柴茂荣刚刚结束高考，原本的出国求学计划因他年龄太小而搁浅，省内的浙江大学也已经结束了填报……他将目光投向了浙江化工学院，也就是现在的浙江工业大学。

刚进入大学，柴茂荣是懵懂的。他年龄尚小，或多或少会有一段对新的环境、新的教学方式的适应期。"当时也没有太多的目标，就想毕业以后能找一份比较好的工作。"柴茂荣当时的想法很单纯。"当时除了学习，也没有别的什么爱好。"15岁的柴茂荣在进入学校之后就发现自己属于年龄最小的那一批学生，与他同寝室的一个老三届的大哥比他大了足足13岁，相关的课程如高数和物理化学已经学了几轮了。于是，在大学一开始，柴茂荣就被拉开了一大截。

但是这些差距都被柴茂荣用时间和汗水追了回来。"当时我就是拼了命地学，希望能够赶上去。"从一开始的追赶者变成领先者，柴茂荣仅用了两个学期。四年光阴似箭，柴茂荣就把一切押在"学习"两字上。每当周五放学，柴茂荣就回家短暂地待上两天，回校后又迎来忙碌的学习周。他恍若达到了做学问的最佳状态，将身边的事物都抛到脑后。柴茂荣的高等数学及化学成绩在班级里都名列前茅，文科方面他也丝毫不落下。最终，19岁的柴茂荣本科毕业时考上了研究生，进入大连理工大学与中科院大连化物所联合应用化学研究生班，主攻分子筛催化方向。

浙工大对柴茂荣而言，就像是梦想启航的起点。于他而言，印象最深刻的老师是高等数学老师施公才以及物理化学老师杨祖望，他们是柴茂荣走上燃料电池研究之路的引路人。

历史时刻！催化剂开拓者

研究生毕业之后，柴茂荣在大连理工大学任教2年多，后拿到日本文部省奖学金（日本对外国留学生提供的最高等级的奖学金），于1988年前往日本留学深造。又一次来到一个全新的环境中，他依旧像是一个知识的黑洞，吸收许多在国内不曾涉及的新技术新科学。而他就读的燃料电池化学专业，在当时还只具雏形。就在1986年，与质子膜燃料电池相关的第一篇文章刚刚出现，而且只是一篇新闻报道。在那个信息技术不发达的时代，像这些科学上的伟大猜想只能通过报纸和娱乐新闻、股票涨跌一同传播到世界各处去。那时，这篇报道传到日本，只占了报纸上的一个角落，大多数人都不会太在意。柴茂荣的日本导师却敏感地觉察到了燃料电池的发展潜力，他将报道的那一角剪下来交给柴茂荣说："你就按这个做做看。"当时，电解制氢大部分采用纯铂作的铂黑催化剂，无法回收再利用，而柴茂荣的导师给他的任务就是尝试将铂黑溶解后担载在炭粉上，从而实现催化剂的改良。那时的柴茂荣就像 15 岁时那样，抱着尝试的心态接下了这个项目。事实证明，这条无人探索过的小径走得绝不容易。他在实验中发现王水溶解后的铂担载到炭粉上就像炸药，在干燥过程中极易爆燃，必须除氯、除硝酸根，更不能用氨水沉淀还原。每一步操作，柴茂荣都得时刻紧绷心弦，应对随时可能出现的意外。终于在经历了无数次失败后，他将铂安全地担载到炭粉上——铂炭催化剂就此诞生！这是能源领域一个重要的瞬间，不仅开创了世界贵金属炭载催化剂的新天地，也为之后的膜电极催化剂打下了坚实的基础。紧随柴茂荣的脚步，贵金属炭载催化剂研究成为热点，柴茂荣作为铂炭催化剂研究"第一人"，1988—1994 年陆续发表了 19 篇文章，其中在 *Science* 及其子刊上就有 3 篇。

在此之后，柴茂荣在燃料电池催化剂这座高山上再度攀登。和荒井教授等合作提出了膜表面催化理论以及氢气溢流理论之后，他进入了日本地球环境研究机构工

柴茂荣参加第十五届中日节能环保综合论坛

作，因其卓越的成就和热爱学习的优秀品质，几年后进入了三井集团下的三井金属矿业株式会社，担任主管科研的三井金属综合研究所副所长等。可以说，这是华人在日本骨干企业里能取得的最高职位。

在日本将近 30 年的旅居时光，除了燃料电池，柴茂荣还参与了汽车尾气处理的贵金属催化剂研究、有机物分子除臭等与环境有关的项目。

"我一直没有改变我的研究方向，所以我取得的成果比较大。"电话那头的柴茂荣仿佛还是那个在校园内低头钻研的少年，从来没有对自己的选择感到后悔。正所谓知识就是力量，他将这股力量凝聚为冲击世界能源的巨锤，将自己的氢燃料电池技术开拓者的头衔一锤定音。

"我做了一辈子，就只是想把它做到底而已。"

回国！"氢芯"打造中国电池

2017 年 3 月，柴茂荣 54 岁。那时的他感到了些许紧张。因为不久之前，时任中国科技部部长的万钢访问了日本，并且与柴茂荣进行了会面。当时的他，正是日本国家电池开发研究机构的 15 人专家小组中的一员。

柴茂荣带着万钢部长参观了日本的氢能源汽车完整的生产链。

就在那段时间，万钢部长向他提及 2022 年中国将要举办北京冬奥会。

2020 年东京奥运会前，日本宣布将会普遍使用氢能作为奥运会场馆的主要能源，氢燃料电池汽车将作为主要的交通工具。

当时，氢燃料电池是能够体现国家综合科技实力的一大指标。很显然，这是日本向中国投来的一纸挑战，中国自然不遑多让。当时的中国在锂电池上已经取得了相当可观的成绩，但是冬奥会比赛大多在张家口等山区进行，冬天室外的温度往往接近 –30℃，锂电池汽车在极低温环境下无法在坡道上行驶。

"冬奥会只能用氢能车。你愿不愿意回来帮国家做点事？"万钢部长询问柴茂荣道。

这是一个国家的嘱托，柴茂荣意识到了。他之前在中国出差过一段时间，感受到当时国内的燃料电池技术仍与世界存在一定的差距，回到日本后就一直在想能不能将自己所掌握的燃料电池技术应用到中国市场上。

正如毕飞宇所说："人就是这样，一旦有了信仰，他就有决心和毅力去浪费时光。"在经过深思熟虑之后，柴茂荣毅然决然辞去三井金属综合研究所副所长兼电池研究中心主任的职务，历经曲折，终于在 2017 年 4 月回到了祖国的怀抱。

这些年，柴茂荣也不是没有加入日本国籍的机会，但是他从未忘记自己是一个中国人。"我是中国人，我一定会回来，我应该属于中国。"浓浓的家国情怀使他临危受命，在中国最需要的时刻，柴茂荣带着满腔热血归来。

不过现实给他泼了一盆冷水。2017 年的中国，燃料电池市场支离破碎，核心技术少，技术人员少，产业布局散。"当时国内好多人都不相信我能够在 5 年时间里把中国的氢燃料电池研发出来，包括著名高校的教授，甚至是国内赫赫有名的氢能专家。"

起步是艰难的。虽然早有预料，柴茂荣对现状仍颇感头痛。"燃料电池的产业链相当长，从制氢开始，到储氢运输，然后落实到客户终端使用。"于是，柴茂荣作为首席技术官，决定带领初创的国家电投集团氢能科技发展有限公司（简称国

柴茂荣发言

氢科技）先从上游的技术突破开始。从建立实验室开始，柴茂荣一步步扩充自己的团队。

那该如何管理这样一支新兴团队呢？经过考虑，柴茂荣决定借鉴之前在三井集团工作时的经验，采用三井集团的管理体系，即"一个专家带领一个方向"。在初期，柴茂荣手把手带了8位徒弟。在他们圆满"毕业"之后，他确认了催化剂、质子膜、碳纸、膜电极、双极板、电堆、系统、氢安全8个方向，并由那8位徒弟各把关1个方向。再之后，随着团队人才的引入，他又要求每个"把关人"带徒弟，逐步形成一个人才梯队，就像一棵大树的根系一样，不断外延开去。柴茂荣带出了一批氢能研究方面的主力军，他们极大地扩充了科研队伍，夯实了科研实力。

相较于曾接触过电池方面的学生，柴茂荣更倾向于选择那些基础知识扎实的学生。"曾接触过锂电池和燃料电池的人中，可能没有我需要的人才。相反，那些基础化学学得好的学生，会更容易接受我的理论。"

"刚开始，柴博士几乎手把手教我们，"周明正博士——柴茂荣回国后带的第一个徒弟、如今国氢科技关键材料部门的主任是这样回忆的，"他一步一步耐心地指导我们，教我们如何看书，如何做实验。"

除此之外，国家电投集团给柴茂荣提供了源源不断的资金和人才支援。"它给了我很大的支持，所以我做得比较容易。"正因为中国需要柴茂荣，信任柴茂荣，他的创业之路尤为平坦顺利。至今，国氢科技已经拥有一支世界领先的科技团队。

柴茂荣在短短几年内，变零为有，带出了一支精锐之师，并将氢燃料电池的产业链悉数打通，使我国在燃料电池技术方面的自主化和国产化都取得了巨大进步。

北京冬奥会就要来了，考验他的时刻到了。

2021年4月，一辆车身喷绘着一条红绿缎带的大巴平稳地行驶在博鳌论坛会场之外。它就是一辆搭载"氢腾"燃料电池的汽车。2020年，柴茂荣带头研制的燃料电池电堆及动力系统产品通过了检验并正式发布。"电堆就相当于计算机里的芯片。"这款电堆额定功率88kW，体积功率密度达到了3.2kW/L。最重要的是，它能够在-30℃的低温环境下启动。

"氢腾"在博鳌论坛上的出色表现，让它成功跻身北京冬奥会用车选拔的决赛，而它的对手就是日本丰田燃料电池汽车。作为世界上声名显赫的老牌车企，丰田自然是没有把只有几年历史的"氢腾"放在眼里。

"除了学术界的质疑，我也受到了国内产业界的一些压力。"就在柴茂荣加紧测试"氢腾"性能的同时，他遭遇到了一些突发情况。"没有经过两冬一夏的测试，'氢腾'燃料电池汽车不得参加冬奥会。"来自政府部门的通知让柴茂荣心里一凉。其实从一开始，他就听到了国内对他不信任的声响。"因为我刚刚回国，在科研界还是一个新人，国内许多机构往往对我申请的项目置之不理。"

面对这些，柴茂荣举步维艰。但在柴茂荣非同凡响的魄力的影响下，"氢腾"一点点地展现出了它的实力，短时间内就达到了业内领先水平。

作为北京冬奥会的赞助商，丰田当然只想独享这块肥肉。它以安全性能为借口，向柴茂荣的"氢腾"施压，希望直接将它挡在门外。

遭到如此打击，柴茂荣没有表现出丝毫退让。"氢腾"作为国内氢燃料电池的标杆，无数次的测试表明它在技术和安全方面都是过关的，那为什么不能让它参与冬奥会？柴茂荣想起了4年多前万钢部长对他说的那句话，以及从那个时候起自己暗自在心里许下的诺言。"能用中国人自己的材料做出自己的车，在中国的冬奥会上用上自己的车子。"

回想起这几年，他只身一人住在距离单位不远的地方，不分昼夜地钻研，常常连续工作20个小时以上。他精心策划，细心指导，专心工作，风雨兼程，就只是为了这一刻啊！柴茂荣不甘心，他决定再搏一把。

成功总是偏爱那些有真才实干的人。通过国家电投集团与北京市政府的沟通，"氢腾"最终还是登上了冬奥会的舞台，而且它的表现出乎了所有人的预料。150辆"氢腾"大巴功率大，雪道爬坡能力强，以零排放、零故障，圆满地完成了冬奥会和冬残奥会的赛事接驳任务。此时已是全国政协副主席和中国科协主席的万钢在乘坐了一次"氢腾"大巴后，对柴茂荣竖起了大拇指。

"尽管延庆那里道路的坡度接近20度，但我们的燃料电池大客车毫无难度地就爬上去了。接待专家告诉我，冬奥会期间，延庆晚上的气温常常在−20℃，但我们的燃料电池汽车大都能在户外过夜。"这时，柴茂荣心中很是平静。他已经赢了，在国际舞台上堂堂正正地告诉全世界：中国人也能造出自己的氢能车。

最终，柴茂荣向祖国和人民交出了一份完美的答卷，也在中国埋下了一颗氢能的种子，在时光的浇灌下，相信它能成长为一棵参天大树。

迎接氢能时代的到来

"但现在中国的制氢产业链还有一些问题。比如做一张质子膜，其所需要的原材料就要十几种，还需要好几种零部件，如果我们这些企业各自为政，那肯定是干不了的。"现如今中国有四五千家做制氢的企业，但都是不成规模的中小企业，希望能在氢能最热的时候分到一杯羹。"但这是错误的。第一，整个行业发展难度很大；第二，氢本身的安全性还无法得到很好的保障；第三，需要的资金很多。"柴茂荣表示，在这种情况下，首先需要有大型企业起牵头作用。就像雁群中的头雁，它往哪儿飞，雁群就跟着它飞。但遗憾的是，这么多企业中，能够意识到这一点的很少。因此，柴茂荣的国氢科技要做这只"头雁"。他们打算从产业链的顶端制氢做起，一步一步向下，直到最后的产品使用环节，始终坚持"以技术为主导、创新为动力"，坚持走"正向开发"之路。

氢能究竟行不行？

柴茂荣给出了中肯的回答。现在的氢大部分产自水，可以简单理解为从水里产生电。第一，整个过程是完全可再生的；第二，其原料水，目前来看是取之不尽、用之不竭的；第三，制氢的反应链牵扯到很多影响因素，其中就有太阳和大气。通过太阳能电解水，再通过氢燃料电池将氢储存起来，需要的时候就可以从电池里将氢拿出来还给水，形成一个电—氢—电的循环。目前，中国正在西部地区积极开发相关的太阳能产业链，不久之后，就不用再为制氢而烦恼了。

"不管是国内国外，发展氢能都是为了替代化石能源。"相对于锂电池的储存能力，面对中国巨大的耗电量，即使将国内所有的锂材料都做成储能锂电池，不出半小时，它们就会被存满。因此，只能用比锂电池单位储能密度高百倍的氢燃料电池来储能。

"未来的能源体系里，氢将占据重要角色。"柴茂荣表示，就整个能源革命历史来讲，人类从使用煤炭到使用石油花了300年，从使用石油到使用电花了150年。至于氢能，至少需要50年的时间才能完成切换。从2000年刚发展起来的氢能，现在正值青春期，伴随着国际国内政策的施行，它将接过时代的接力棒，迎来属于它的辉煌。

除此之外，发展绿氢一直是柴茂荣的目标。在某次"零碳+"沙龙上，他对氢能的未来做了相关陈述。目前，中国一年的二氧化碳排放量有 110 亿吨左右，占世界总排放量的 30%，而中国的人口只占世界人口的 18%。也就是说，中国人均二氧化碳的排放量是世界平均值的 1.6 倍。因此，中国要减碳，就得发展氢能。

截至 2022 年，柴茂荣带领的国氢科技在北京、武汉、宁波、长春、济南、佛山，以及日本东京等地设立 10 个子公司，员工 500 余人，其中研发人员超过 400 人，研发队伍中硕士研究生学历者近 85%，博士研究生学历者近 15%。它是国内首家以氢能为主业的央企二级单位，也是国家科技改革示范企业，致力于成为"第二个华为"。以技术为主导、创新为动力，柴茂荣凭着他的才干及一颗热忱的心，会将"氢芯"提到怎样的一个高度？让我们拭目以待。

大国工匠，寄语浙工大

2021 年，柴茂荣被评为全国能源化学地质系统的"大国工匠"。

"我也没有什么感想吧，就觉得这是国家对我工作的肯定。"在提起这个称号的时候，他谦虚地回应。

大国工匠是什么？他们敢为人先、勤学苦练、深入钻研、勇于创新，对自己手上的每一个零部件都严格要求，聚焦于生产体系中的薄弱环节，突破那些"卡脖子"技术。强国建设，"匠心"铸就。他们就像零件上的大齿轮，一刻不停、孜孜不倦地转动着，让中国这一宏伟的古钟继续运行下去。

从小到大，柴茂荣一直有一个习惯，那就是晨跑。

"读书那会儿，别人都是七点钟起床，我是六点钟起床。那个时候，宿舍旁边就是操场，我就在那里跑步，跑完几圈之后再背英语。"如今已经 60 岁的柴茂荣仍然坚持六点多起床晨跑。健康的身体是努力工作的前提，几十年如一日的锻炼让他依旧保持着良好的状态。

面对多变的世界格局，柴茂荣表示："与其去追随它的改变，我们不如做好自己，以不变应万变。"做好自己，努力追赶，与时间赛跑，是柴茂荣这多年来在学习工作中得到的最大经验。纵观他一生，从进入浙江化工学院，到日本留学，再到最后回国支援，每一次都在与时间对抗，将差距通过一天天的学习积累来缩小，最终一举夺魁。

以梦为马，不负韶华；不忘初心、牢记使命。2021年7月1日，庆祝中国共产党成立100周年大会在北京举行，柴茂荣作为企业代表受邀观礼，见证了这一历史时刻。百年征程波澜壮阔，百年初心历久弥坚。柴茂荣看着今日的这条腾飞的中国龙，眼中充满了对未来的渴望。

"习近平总书记的讲话，全面回顾了中国共产党百年奋斗的光辉历程，豪情展望了中华民族伟大复兴的光明前景，使我们更加坚定了投身绿色能源、扛起科技自立自强重任的信念。"柴茂荣作为一名科技工作者，在这个领域已经默默耕耘了30多年，而在未来，他将迎难而上，大力攻坚，为国家科技创新贡献力量，为加快建设科技强国、实现高水平科技自立自强努力奋斗终身。

最后，柴茂荣对浙江工业大学说出了自己的寄语："浙江工业大学是一所优秀的学校，排名靠前，作为学校招牌的化学工程与技术学科在国家第四轮学科评估中获评'A-'。在我看来，在未来，它还是有很大的发展空间。接下来，我期望学校能够多引进一些院士参与浙工大的建设。浙工大应该敢发言，多发言，建设高质量团队，引领学校越来越好。"

执笔人：化学工程学院 2020 级应用化学专业　戴天悦

指导老师：化学工程学院　李丹琳

案例分析

创业就是一场徒步修行，唯有长久的积淀，才能拿出满意的答卷。在求学的日子里，柴茂荣无时无刻不在各类知识的环绕中，一直坚持着手边有书便看的学习习惯，将有限的时间支援无限的明天。寒窗苦读十余载，柴茂荣登高望远，刻苦钻研，最终得以站在氢燃料电池的顶峰。

创业是百舸争流，能够胜出的往往是顺着水流方向的船只。那个年代，是现代科技的萌芽阶段，柴茂荣洞察到了氢的巨大潜力，毅然决然投入其中，这一投入就是一辈子。功夫不负有心人，柴茂荣牵引着氢燃料电池这艘小船一路高歌猛进，在世界上取得了令人振奋的伟大突破。他成了顶流，让全世界都见证了氢燃料电池这个新兴产业的诞生和蜕变。

创业是民族振兴的基石。不管在什么时候，当国家需要我们时，唯有挺身而出。柴茂荣在国家的呼唤下回来了，义无反顾。他仅有一腔孤勇，带着必胜的决心归来。在那一时刻，柴茂荣宛如一位英雄。5年时间，一座氢燃料电池大厦平地而起，从一开始30余人的小团队到现在500余人的大集体，一步步攀登成为国内氢能行业的先行者、领头人。柴茂荣以中国速度向所有人证明了中国人能够用自己的双手开发出中国人的氢燃料电池。

纵观柴茂荣的创业经历，与其说是创业，更像是一位科技工作者在合适的时间遇到了合适的挑战。

艰苦卓绝、不留余地地学习专业知识，是柴茂荣创业的基石；不忘初心、始终抓牢氢燃料电池这一目标，是柴茂荣创业的动力；带着时代重任而归，振兴中国自家产业，是柴茂荣创业的核心。时刻兢兢业业，时刻默默奉献，柴茂荣打造出了一片全新的能源天地。接下来，他将持续引领中国氢能发展，为这一事业奋斗终身。

执笔人：化学工程学院 2020 级应用化学专业　戴天悦

指导老师：化学工程学院　王建国

魏建华

创新创业理念

系统理解 STEM，让理学更『理』、工学更『工』，理工能完美结合在工厂车间！

魏建华，男，1961 年 11 月出生，浙江诸暨人，教授级高级工程师。1982 年本科毕业于浙江化工学院无机化工专业，上海化工研究院硕士，美国西弗吉尼亚大学工商管理硕士（MBA）。

1985 年 12 月参加工作，历任上海化工研究院填料中心副主任、主任、院长助理、副院长、党委委员等，上海华谊三爱富新材料有限公司董事长，上海华谊集团技术研究院院长，上海华谊（集团）公司副总裁等职。1997 年至今，担任国家和上海市科学技术奖评审专家；2021 年，任国家科技重大试剂专家评审组组长；现任上海聚氨酯工业协会会长、中国科学院上海硅酸盐研究所研究生导师、《化工进展》副主编、上海市突出贡献专家协会常务副会长兼法人代表、上海碳纤维复合材料创新研究院专家委员会副主任委员、上海市欧美同学会理事、上海市科学技术协会委员、上海"十四五"和中长期规划材料组专家、上海商飞 CFRP 战略规划组副组长、上海电子化学品专区专家、上海产业基础再造战略咨询委员会专家、上海市与工程院联盟化工专家组组长。

1998 年获国家科学技术进步奖三等奖和亿利达科技奖。发表论文 30 余篇，翻译和编写专著各 1 本。国家有突出贡献中青年专家，享国务院政府特殊津贴专家，曾被评为化工系统首批"跨世纪优秀拔尖人才"。

人生漫漫，"魏"热爱矣

——记无机化工专业 1982 届校友　魏建华

创业范例

从浙江化工学院的"魏学霸"到相识人口中的"魏老师"，从上海化工研究院的"小魏"到上海华谊（集团）公司（简称华谊集团）副总裁，从自愿申请到车间的"魏班长"到各领域的"魏专家"，魏建华用自己 40 多年的经历，讲述着他从跟随时代到引领时代的故事。

烂柯山下好读书，超级学霸养成系

"我会打 99 分，不打 100 分，这样的话，永远有进步的空间。"

1978 年，浙江化工学院无机化工专业迎来了一位 16 岁的少年——魏建华。

忆工大往昔，感恩师教诲

"我十分愿意到浙江化工学院化工系念书！"

魏建华喜欢"接地气"的学科。"初中、高中化学课上，我们学过的盐、味精等调味剂都是化工产品。若离开化学化工，这个世界就没有色彩了。"魏建华向我们娓娓道来。魏建华高考后只填报了计算机以及化工两个志愿，最后他以较好的成绩被浙江化工学院化工系录取。

所谓大学者，非谓有大楼之谓也，有大师之谓也。"学了焓不含含糊糊，学了熵不伤脑筋，"魏建华笑着说道，"老师们的讲课和板书都很生动，我与有些老师在工作后也一直保持联系。"

从浙江化工学院毕业已有40年，魏建华依旧清晰记得教高等数学的徐铜老师，教物理化学的杨祖望老师，教化工热力学的董宏昌老师，教大学物理的斯公才、王信国和范竞藩老师，教分析化学的周昌明老师，教制图的周宝梅老师……"我曾是班级的物理化学课代表，负责学生与老师之间的沟通呢！"魏建华说起带他做实验的老师，"当年是舒季钊教授领我进门，教我认识k和E、合成氨催化剂的催化反应动力学等。"当年学过的一阶导数、二阶导数，魏建华到现在都还能不假思索地写下来并说出其中的物理意义。甚至在他40岁去美国西弗吉尼亚大学攻读工商管理硕士（MBA）时，还帮助南开大学的经济学博士解决二阶导数问题。友人戏称："你不仅可以念MBA，还可以读经济学博士。"

除了老师，魏建华还结识了很多志同道合的朋友，其中让他印象最深的就是同学陈银飞。他当时是班长，曾是浙江省工业催化"重中之重"学科方向负责人、浙江工业大学催化反应工程研究所所长，他们曾一同前往衢州化工厂实习。此外，留校任职的潘志彦教授一直是班级同学聚会的热心联络人。

本科快毕业时，因为需要查资料，魏建华来到上海化工研究院，恰巧这里的无机化工专业正在招研究生。在衢州化工产业化的大背景下，魏建华有机会接触到更多的东西，看见了化工产业更多的可能性，于是毅然选择深造读研。

学生时代的英文学习经历也让魏建华印象深刻。当时的学习资源有限，仅有的就是几盒磁带和一个播放器。上完课后，魏建华每天一有时间就会反复听磁带，然后跟着读。就是在这样的条件下，他克服了"英语关"：在上海化工研究院攻读硕士学位时，能看懂全英文的教科书；后来留学美国，能用英语进行对话。直到现在，魏建华也能够用英语与他人顺畅地聊上一整天。魏建华骄傲地表示，在"60后"中，像他这样，全面掌握听、说、读、写的人很少。

大学毕业之后，魏建华一直与浙江工业大学的很多老师保持联系，如刘化章教授、沈寅初院士、郑裕国院士等。他也一直积极参加同学聚会，与当年的同学、任课老师、辅导员一同走遍曾经学习的地方，回忆大学的美好时光。

重理论知识，养学习习惯

"要重视基础知识、基础理论学习。"在烂柯山下，魏建华真正做到了"废寝忘食"。4 年的大学时光，他除了学习，还是学习，一有时间就泡在图书馆，有时甚至忘记吃饭。这种心无旁骛的学习态度，让魏建华的基础非常扎实。

正是这段坚持不懈的沉浸式学习时光，让少年魏建华沉潜下来，积攒力量，厚积薄发，渐渐成为未来专家级的"魏建华"。

如果你问魏建华为什么能够保持如此旺盛的学习动力，他会回答："求知欲使我对知识如饥似渴。""不论学什么，必须学透。"这也与中国化工教育创始人李寿恒先生提出的"三基"理念不谋而合。物理化学、化工热力学等至今都是理论性极强、难度极高的学科，必须下足功夫，才能有所成。魏建华用行动证明，只要吃透理论，学习就无难事。"所有热力学的理论，我都能用自己的语言重新表述，并且可以举出工业运用的例子来——这就是真正把理论吃透。"魏建华扎实的基本功为他日后在化工领域的成功发展打下了坚实的理论基础。

能够做到把理论知识学透，并熟练举出工业案例，这与魏建华良好的学习习惯密不可分。对魏建华来说，"学习方法非常重要"。他每天课前都会做好充分的预习，不懂的地方用铅笔备注，课堂上重点听老师对此的讲解，从来不只是单纯的记笔记。正是得益于这个学习习惯，魏建华成了公认的"学习效率高"的同学：晚上10 点半准时上床睡觉，从不开"夜车"；用很短的复习时间，考上了上海化工研究院的研究生（当年报考研究院的学生共 77 人，最终 7 人录取）。值得注意的是，当年研究生录取前需要进行走访调研，只要提起魏建华，大家都会竖大拇指，称赞他是真正的学霸。

走上工作岗位后的魏建华依旧保持着这种学习习惯，甚至更加拼搏。他既是能在实验室里干上五天五夜的"科学狂人"，又是车间里"撸起袖子"实现增产的"金领工人"。

拒设限人生，敢多向融合

"知识面不要窄，所有知识都可以融会贯通，互相借用，从而产生新的发现、创造。"魏建华用自己的经历完美诠释了这句话。

在本科阶段，魏建华主要研究催化反应动力学合成氨方向；从研究生起，开始接触工业结晶动力学相关研究；踏上工作岗位后，转向分离工程研究；到华谊集团担任副总裁后，关注化工新材料——聚合物等领域的研究。丰富的经历让魏建华感叹道："要建立个人的知识库，知识贫乏是不能忍受的。"

魏建华人生几次专业的转换绝不是偶然，反映出的是他对自己的了解、对时代的洞察、对未来的把握。"对于有好奇心的人，是不受专业所限的。我希望我招的研究生也是跨专业的。"

魏建华十分赞同并反复强调第一性原理。"在互联网时代，通过三次'弱连接'，一定能找到这个领域内的顶级专家！"他鼓励大家深入学习第一性原理，像马斯克那样能够将不同的方向融合并做到极致，同时也要学会提出问题，并独立解决问题，而"不是死读书，把书读死。"

现在，花甲之年的魏建华表示："做人要脚踏实地。一个人在历史长河中是很渺小的，但要想着去发点光、发点热，面对工作、学习的现实，着眼于现在的事情，带领团队一起成长。"

回忆自己的4年大学本科生活，魏建华表示："在乌溪江畔、烂柯山下的四年，是一段非常重要的时期，是我一辈子最值得怀念、最美好的四年。"如果给在浙江化工学院的这段旅程打一个分数，魏建华说："我会打99分，不打100分，这样的话，永远有进步的空间！"

千帆过尽，英雄本色尽显

"学历、专业不重要，我最看重青年人的能力。"

一个时代有一个时代的色彩。历经千帆，英雄的归处仍是故里，是最初的、最执着的梦。

抓实践技术，做接地气人

1985年12月，魏建华从上海化工研究院硕士毕业后，就留下来参加工作。魏建华从基层开始，每天都是第一个到办公室扫地、抹桌子、泡开水……大家亲切地称呼魏建华为"小魏"。硕士毕业的魏建华没有眼高手低，专门申请到车间当了一年半的小班长，并和车间工人打成一片，把基本的问题都熟记于心。

1987 年，化工计算机模拟发展的初期，魏建华是将化工模拟软件 PRO/ II 的前身 PROCESS 引进国内的第一人。

为了做好流程模拟的边界条件数据，魏建华专门跟着车间工人学习硬件、流体速度等的操作。多年积累下来，魏建华有了一句经典的话："让理学更'理'、工学更'工'，理工能完美结合在工厂车间。"如此才能创造效益、创造利润、创造价值。

"要把学过的知识真正应用于实际，然后理性分析，这是很重要的。"在上海化工研究院时，有一个工况不正常，并且一直没有找到解决办法。院领导突然想起"小魏"是做分离工程的，便让他去旁听大家的讨论。讨论中，有人认为设计有问题，有人认为是最初数据不足，最后魏建华选择到现场调研。在认真观察玻璃液位计、流体泛点情况后，魏建华大胆判断为系统信号失真。基于在一线的经验，魏建华决定翻出最初的设计图纸，仅用数小时便找出问题关键点——缺少质量衡算，最后仅用两天时间就解决了两年没有解决的问题。当时在场的一位资深专家评价道："听'小魏'一句话，胜读一百年书。"

魏建华在第五届全球科技创新大会上发言

由于工作表现出色，1997年，37岁的魏建华开始担任上海化工研究院副院长，领导近千人的专业团队，成为当时最年轻的领导。同时，他也带领10余位研究生参与科研工作。经过数十年的持续努力，在1998年，魏建华获得国家科学技术进步奖三等奖，并组织撰写、出版了《现代填料塔技术指南》《填料塔》。

2001年，魏建华前往美国西弗吉尼亚大学攻读MBA，以3.88的绩点（满分绩点4.0）毕业。当时，美国的导师想要挽留魏建华在当地发展，但魏建华坚持最初的方向，选择回到上海，创造自己的事业。

"调到华谊集团后，我变得更忙了。"2009年，魏建华被调至华谊集团任技术研究院院长以及集团副总裁。刚调任到华谊集团，魏建华便成了"最平易近人的领导"，因为不论是谁，无论多晚给魏建华发信息，他都会秒回，看到好的文献也会分享给大家。魏建华也很重视车间生产，有时间就到一线去调研。有一次去现场考察时，他一眼就看到有个法兰是漏的，直接讲道"在塔顶是不可能有产品出来的，都在法兰里漏着"。车间队长回应道："魏总，您怎么知道的，我这边还没有汇报。"魏建华笑着表示："学习要学到这种程度才可以。"

2010年，长年在化工领域深耕的魏建华，在经过深度学习、思考和工作后，决定重组氟化工研究团队，组建上海华谊三爱富新材料有限公司近20人的重点项目组。该团队历经十几载，斥资数亿元，最终成功研发了新型显示用含氟高分子材料聚三氟苯乙烯（PT853）和YPI（PT953）新材料。其中，PT853在全球首次且唯一实现了三氟苯乙烯单体和聚三氟苯乙烯的商业化生产应用，革命性地解决了光学补偿膜的技术缺陷，极大地改善了电子终端的显示效果，使我国在含氟材料领域又占领了一块新高地。该成果荣获2020年第22届国际工业博览会大奖！

尽管现在已不再兼任华谊集团副总裁等职，但魏建华仍然在帮助华谊集团解决技术更新、技术改造等问题，用魏建华的话来讲："这个世界永远可以make to innovation（促进创新）。"

从上海化工研究院副院长到华谊集团副总裁，魏建华很好地完成了身份上的转换。在被问及这样完美的转变是如何完成的时，魏建华说："我一辈子都在做技术。"一直身在第一线，因此，不论担任什么职务，技术经验丰富的魏建华都能胜任。

喜桃李天下，愿后浪翻涌

认识魏建华的人，都会尊称他为"魏老师"。

"愿做幕后"一语道出魏建华培养人才的初心。1997年至今，魏建华担任国家和上海市科学技术奖的评审专家。

魏建华结合自己在美国攻读MBA的学习经历，对短时间演讲、如何写PPT等有着很深的体会。他能够从如何避免"视觉污染""听觉污染""双污染"等国际视野出发，从如何从STEM（科学－技术－工程－数学）的角度把握答辩内容方面对被评审人进行详细的辅导，理论联系实际，讲解如何实现第一性原理。魏建华的指导使互动对象均有较大的收获。对此，魏建华提出了自己的建议："要多作报告！国内学者相较国外，就是少了很多作报告的契机。"其实，作报告会提高一个人的逻辑思维及表达能力，使综合能力得到提升。2008年，魏建华也被华东理工大学聘任为教授。

魏建华一直致力于STEM科学法则的培养与落地，即一个人要体现科学、技术、工程、数学等四个方面的素质特征，才能取得成功，缺一不可。完美镶嵌SETM法

魏建华参加院士专家华谊行圆桌会议

魏建华参加全球技术转移大会

则，将STEM理念完美融入答辩者的科研课题中，只要讲出自己的"味道"，就能获得评委的一致好评。

在谈及国内相关领域的现状时，魏建华说："目前中国没有一个大学专门教氟化学或者氟材料，因为缺少相关人才，所以氟材料企业更是缺。"2010年，魏建华组建了一支科研团队，专注氟化工领域研究。曾有一位德国博士是这么评价魏建华的："你真是在用老师的心态培养人才呀！"帮助他人成长，这是一件令人快乐的事。

"Learn from each other（相互学习）""第一性原理"——每当有人向魏建华请教问题时，他总是提及这两点。"希望大家少走弯路。"

做无界研究，展宽广格局

"其实我是没有专业方向的人，我经常换方向。"魏建华借此告诉年轻人，要勇于跨界，敢于学习新事物。

在2020年第22届中国国际工业博览会上，华谊集团的"新型显示用含氟高分子材料（PT853）"项目获得大奖，而在此之前，PT853由于合成路线复杂，生产成本一直居高不下，华谊集团经过多年研发，终于在全球首次实现了三氟苯乙烯单体和聚三氟苯乙烯的商业化生产和应用。实现氟化工材料这一革命性产业进步的领头人就是魏建华。

2010年，魏建华兼任上海华谊三爱富新材料有限公司董事长。在此之前，公司已耗时2年，花费数千万元进行氟材料合成研究，但未见起色。全世界大大小小的公司也都没有研究成功。很多专家劝魏建华不要做了，对此，魏建华说："没有人做的话，之前的投入就变成沉没成本。"魏建华顶住压力，带领团队历时7年，全力研发，终于获得了成功。2017年，PT853的生产成本只需要原来的1/10，实现了氟化工的产业化生产和应用。

因为长期探索，魏建华逐渐形成了用科学的角度对待工程问题的认知。如不掌握科学的流体力学方法，只凭眼睛见到的对部分运行设备进行优化，那样的解决方案是不彻底的，有时甚至是徒劳的。

据魏建华回忆，2009年自己刚入华谊集团时，用计算流体动力学纠偏，实现了3万吨反应器"安稳长满优"。魏建华鼓励化学化工从业者对动量传递、流体力学行为理论有更深的认知，并在实践中自如应用，做到事半功倍。

魏建华不仅理论、技术过硬，其眼界与格局也令人敬佩。"要有大格局、大视野。"他曾如是说。魏建华在华谊集团任职期间，一直致力于校企产学合作共赢。他曾受邀访问复旦大学、上海交通大学、东华大学、上海理工大学等高校。校企双方就上海化工新材料科技园合作事宜展开对接交流，加强校企协同作用。

"其实开始时我也有很多事情是不懂的，但我会很快与国际接轨。快速学习的能力非常重要。"在互联网的世界里，可以查到最新的文献、标准，与专家沟通，"我是不怕任何新鲜事的。"魏建华表示。魏建华一直很努力，经常与各类项目负责人讨论到深夜，凌晨才能躺下来休息一会儿，第二天一早又开始新一天的忙碌。

"只会做技术，最终也是做不好技术的。"正如魏建华所言，真正的专家"既能务虚，也能务实，'八面玲珑'，才能做好技术"。

热爱生活，做精神世界的王者

"在精神追求与物质追求之间，我会毫不犹豫地选择前者。"魏建华的精神世界是充实的，他有几架子的中英文书籍，播放音乐，偶尔摄影……

追心之所爱，过平淡生活

"我的父亲从小就教育我们要艰苦朴素，所以我在物质上很容易满足。在精神追求与物质追求之间，我会毫不犹豫地选择前者"。

即使任华谊集团副总裁，魏建华一日三餐都吃得很简单，有时间就自己做饭，很容易满足。他对物质没有太高的要求，把热爱投进了精神追求里。上海市科委高朋友这样评价魏建华："魏建华老师，你真正是科学家、企业家、教育家和美食家的完美结合体。"

魏建华非常重视良好生活习惯的养成，他认为"会生活的人才能工作得更好"。

他喜欢唱歌，是上海市欧美同学会合唱团里的男高音。每周三晚是独属于魏建华音乐世界的时间，他会组织同学们排练、一起学习线上音乐课程等。魏建华总是能调动大家的积极性。他们曾登上北京人民大会堂、上海音乐厅的舞台。

魏建华也会自己包包子、包饺子、做老上海油酥饼。他常常将"自己动手、丰衣足食"挂在嘴边，也乐于在厨房中发现"三传一反"等化工理论。如做酥油饼时用秤称量，采用量纲分析，不断拓宽操作条件，摸索操作边界。

目之所见，皆是人间唯一，谁能不爱这美好世界的每一瞬间呢！魏建华一直喜欢用摄影的方式记录人与人之间的点滴故事。比如在新冠疫情防控期间，魏建华就用镜头记录了浙江杭州医护工作者忙碌的身影，其拍摄的作品每周都会在"突出贡献"微信平台推出。

"不读书，我就睡不着觉。"魏建华对阅读是发自真心的喜爱。他的英文阅读多于中文阅读，学生时代的英语学习经历使他渐渐养成了英语阅读的习惯。各种化工类书籍也是每天必须阅读的。魏建华一有时间就阅读，晚上睡觉前更是非读不可，阅读占据了魏建华每天 1/5 的非睡眠时间。

"生活需要平衡，除了工作，我对文体都很有兴趣。"回忆在烂柯山下的 4 年大学时光，每天下午，魏建华都要做体育运动。他认为，不运动，效率就会很低。打篮球、打排球、跑步等都是魏建华常做的运动。

正是几十年如一日的坚持，使魏建华像开了十倍动力的发动机，不断地拓宽生命的宽度，用自己的实际行动向我们诠释了"唯有热爱可抵岁月漫长"的意义。

学一生不止，行与理相融

"我们这代人是和中国的改革开放连接在一起的。"

"在 1978 年，如果没有高考，我就要当农民去了。"魏建华一直强调："我非常感谢总设计师邓小平同志提出恢复高考这一伟大举措，也非常珍惜这样来之不易的学习工作机会。"

"周恩来总理也是我的榜样。他常说'活到老，学到老'，我也一直践行着。这可能就是榜样的力量！"魏建华认为知识的海洋浩瀚无边，"终身学习是必须的，在实际工作中，很多都不是你做学生时所学过的东西"。魏建华也常常建议青年一代："无论从事何种工作，这种学习的能力要一辈子保持住，这样的话，任何工作你都能拿得起来。"

"面对不同的工作问题，要学会深思考，这样学习能力才会进一步提高，才能应对所有问题。"现在回忆起来，不论是本科期间的课程，还是实习期间的翻砂、做榔头、电工实验，都使魏建华受益匪浅。

面对简单的事情，魏建华说："要学会把复杂的事情做简单，简单的事情做复杂。人往往都是从简单开始的，不要对简单有误解。"

扬新程之帆，续时代之航

2022 年初，魏建华从华谊集团退休了，但魏建华崭新的人生才刚刚拉开帷幕！

"作为专家，永远很忙的。"现在的魏建华，依旧身兼数职，是各个领域的专家。例如，他是上海遴选青年科技工作者的专家，是上海"十四五"重点研发项目专家委员会专家，是上海市聚氨酯工业协会会长，等等。即使是周末，魏建华也都是晚上 12 点以后睡觉，线上线下两头抓，每天的行程都满满当当。

现在，魏建华的步伐愈走愈稳，以化工领域为切入点，向不同领域辐射自己的能量。例如，在 2022 年 6 月，魏建华被聘任为首批上海杭州湾经济技术开发区新材料专家委员会委员，为推动化工新材料产业高端发展贡献自己的力量。在 2023 年 5 月，魏建华被聘任为祥符实验室产业发展委员会委员，助力实验室开展以及成果转化工作。目前，作为专家的魏建华已为上海杭州湾经济技术开发区以及祥符实验室评审了十几类项目，涉及几十亿经费。

魏建华被聘请为上海杭州湾经济技术开发区新材料专家委员会委员

魏建华被聘任为祥符实验室产业发展委员会委员

回顾自己的学习历程，魏建华说："非常感谢老师和学校为我人生启航打下坚实基础！"在浙江工业大学建校 70 周年之际，魏建华对青年学生有这样的寄语："不要受专业概念的禁锢，只局限于本专业的人，不会成长得太快。"他也衷心地祝福母校："希望浙江工业大学在人才培养上，与时俱进，形成好的科研教学环境。祝福浙江工业大学更上一层楼！"

执笔人：化学工程学院 2020 级化学工程与技术专业　胡淑敏

指导老师：化学工程学院　李丹琳

案例分析

魏建华是在改革开放初期的春风里成长起来的，凭借着大学四年扎实的理论基础学习，从烂柯山下"废寝忘食"的"魏少年"成长为可以勇担时代重任的化工领域专家。40年的从业历程中，他真正将化工巨匠精神传递给每一个人，引领时代浪潮。

魏建华是同学眼中的学霸，是同事眼中的"小魏"，是工人眼中的"小班长"，是好友口中的"魏老师"。他是亲手创建国家级填料和装置研究成果推广中心的上海化工研究院副院长，是一辈子做技术的华谊集团副总裁。面对不同的领域、不同的世界，魏建华总会深度思考、深度学习、深度工作，这是他解决问题的秘诀。"愿做幕后"是魏建华培育人才的初心，将STEM科学思维融入科研者的实践中，让化工有自己的故事。培育人才是魏建华的理想，如今的他已"桃李满天下"。不断拓宽人生边界，从0到1，开创领域先河，引领中国氟化工新材料研究走在时代前列，这是魏建华的人生目标；不断扩大格局、跨界再融合，从1到100，这是魏建华的人生感悟。

生于斯，长于斯。魏建华毅然拒绝在国外发展，选择将先进的理论引进回国，更深层次地思考中国化工领域的进程。站在高处，眼底望不尽的是一线车间，目之所及皆是化工——这个承诺一辈子做技术的人，兑现了自己的诺言。

精神需求高于物质需求，阅读、音乐、摄影的爱好缺一不可。即使在满是烟火的厨房里，也能探索化工的奥秘，真正让化工走入生活、融入灵魂。魏建华告诉我们，热爱就是这么简单，可抵岁月悠悠漫长。

不负时代，不虚此生。魏建华很感恩。1977年，总设计师邓小平提出恢复高考政策，让魏建华走进大学殿堂，圆梦大学。"活到老，学到老"是魏建华一直放在心上的话。无论走到哪里，到了何种高度，他都不忘学习，都放不下实践。面对简单的事情，魏建华也不轻易懈怠，而是要做出自己的风格，走出自己的步伐。

从华谊集团副总裁退休后，魏建华的人生拉开了崭新的一幕。专家魏建华永远冲在第一线。他以化工为中心，辐射到其他领域，贡献自己的力量。

历经千帆，再回首。魏建华依旧是当初的那个"魏少年""魏学霸""小魏"，只是随着时间的洗礼，一切都变得清晰起来。魏建华用自己的经历证明：一个人的成功并非偶然，既是时代浪潮的推动，又是自身不懈奋进的结果！

执笔人：化学工程学院 2020 级化学工程与技术专业　胡淑敏

指导老师：化学工程学院　陈银飞

陈保华

创新创业理念

要让中国人民吃上进口品质、国产价格的好药。

陈保华，男，1962年11月出生，浙江临海人。1983年毕业于浙江工学院（浙江工业大学前身）化学分析专业。清华大学高级管理人员工商管理硕士（EMBA），高级经济师，高级工程师。现任浙江华海药业股份有限公司总裁；曾任或现任第十二届、第十三届、第十四届全国人大代表，政协台州市第五届委员会常务委员，临海市第十六届人大常委会委员，浙江省商会副会长，台州市工商联（总商会）主席（总会长）等。

1983年毕业后，到浙江海门制药厂工作。1989年1月，创办临海市汛桥合成化工厂。1995年7月，公司改制并更名为临海市华海化工有限公司。2001年，公司整体变更为浙江华海药业股份有限公司。

曾获优秀中国特色社会主义事业建设者、全国劳动模范、全国优秀企业家、中华慈善突出贡献人物奖、中国医药经济年度人物、浙江省优秀共产党员、浙江省优秀创业企业家、世界浙商大会创业创新奖、浙江慈善奖个人捐赠奖、浙江青年五四奖章、浙江省劳动模范、纪念改革开放40年医药产业功勋人物、2020年度风云浙商等荣誉。

"领先一步"，要勇于做第一个吃螃蟹的人

——记化学分析专业 1983 届校友　陈保华

创业范例

"奇迹每天都在发生。"在获得奥斯卡金像奖、金球奖等多项重磅大奖的电影《阿甘正传》中，主人公阿甘正是因为相信这句话，才在母亲的鼓励下，凭借"飞毛腿"，开始不停地奔跑，直到成为橄榄球巨星和亿万富翁，完成从无名之辈到亿万富翁的华丽蜕变。

现实生活中，像阿甘这样相信奇迹终将发生的人不在少数，陈保华就是其中一位。

从 2 万元起家的作坊般的小厂，到中国原料药的龙头企业之一，陈保华是如何做到的？

破釜沉舟勇创业

1983 年，刚刚毕业的陈保华被分配到浙江海门制药厂工作。由于工作岗位与自己所学专业的关联性较强，满怀斗志的陈保华积极投入工作中。此后 6 年的时间里，陈保华通过自己的不懈努力，从普通技术员一路干到了质检科副科长。

20 世纪 80 年代末，改革开放的浪潮席卷大江南北，无数人争相下海，意欲闯荡出一番事业。在古城临海，年仅 27 岁的陈保华也抱着这样的想法，希望能自己

投资办企业。

在当时，下海有两种办法：一是停薪留职，万一创业不成功，可以回原单位上班，这样风险小一点；二是不给自己留后路，以破釜沉舟、置之死地而后生的气魄直接辞职。陈保华选择了后者，毅然辞去了拥有优厚待遇和平稳前程的"铁饭碗"，仅凭2万元起家，创办了临海市汛桥合成化工厂［浙江华海药业股份有限公司（简称华海药业）前身］，开始了华海药业艰辛而辉煌的创业征程。

"刚开始的时候，我们什么都没有，条件相当简陋，只租用了生产队一排灰砖房作厂房，厂房总面积只有300多平方米，外加一堆自制仪器、6名员工，就开始做医药中间体。唯一的交通工具就是停在厂门口的一辆摩托车，换个电灯泡都是自己动手。"在这种艰苦的环境下，陈保华开始思考化工厂应该如何起步。

通过市场调查，陈保华发现治疗胆囊炎、胆结石的曲匹布通市场需求量很大。于是，他决定将曲匹布通的中间体作为化工厂的第一个产品。产品出来之后，下一步就是提高销量了。既当掌柜又当伙计的陈保华查询了全国各个大型制药厂的地址，开始全国各地跑业务，甚至逐一上门拜访客户，亲自推销中间体。那时，他常常在拥挤的火车地面上铺张报纸，钻在座位下面就睡了。付出总是有回报的。第一年，陈保华就顺利拿到了第一桶金——销售额达30万元。

1990年，化工厂进入了快速发展期。陈保华敏锐地意识到，单一产品带来的收

公司ISO质量体系
标准认证现场

公司首个原料药 GMP 认证现场检查

益是相对较小的。于是，除了曲匹布通中间体外，他也开始布局酮替芬、卡托普利等品种，并自建厂房。这样的商业模式循环利用，陈保华收获了丰收的喜悦。

1994 年，公司销售收入达 5000 多万元，完成了原始资本积累，改制并增资，更名为临海市华海化工有限公司。

1995 年，公司以"提升质量和管理水平"为目标，引入了 ISO 质量体系。

1997 年，公司经过多年的努力，成为临海第一家顺利通过 ISO 质量体系的企业，并奠定了"质量和管理是发展之本"的理念。同时，正当中间体产品生意风生水起时，陈保华做出了让人意想不到的决定：从化工企业向制药企业转型。

陈保华做出这样的决定，是因为他认为中间体产品附加值太低，长期下去会制约企业的长远发展。于是，陈保华以 GMP（药品生产质量管理规范）为载体，在全厂进行了轰轰烈烈的改革，并开始涉足原料药领域。

1998 年，国家药监局发布我国第一部《药品生产质量管理规范》。陈保华带领公司紧跟行业发展，于同年启动 GMP 提升计划。同年，首家全资子公司临海市华南化工有限公司成立。

1999 年，公司更名为浙江华海药业有限公司，建立现代化企业管理机制。

2000 年，公司首个原料药产品瑞巴派克通过国家 GMP 认证。

2002 年，公司首个固体制剂车间通过国家 GMP 认证，标志着公司成功从化工企业转型为制药企业。

绿色环保促发展

华海药业追求和谐发展的步伐一刻也未曾停歇。"安全是稳定之本,环保是生存之本,质量是发展之本,员工是财富之本"成了华海人的共同理念。

华海药业自创立以来,始终把环保作为企业的生存之本,把"呵护环境、和谐发展"作为企业的环保管理理念,恪守我国关于环保设施和主体设施同时设计、同时施工、同时运行的"三同时"法规,是台州市最早达到国家污水排放一级标准的医化企业。

要保护环境、治理废水,工艺与设备十分关键。在不断提升环保处理装备的同时,华海药业也十分重视源头控制,开始全面推行 ISO14001 环境管理体系和清洁生产,确立了在环保治理中"以源头控制为重点、过程管理为手段、末端处理为把关"的管理原则。同时,逐步建立和完善了 EHS(环境、健康、安全)管理体系,提升管理水平,不断完善员工的安全保障和职业健康体系。

从 1996 年开始,陈保华就亲自挂帅,跑遍了国内外在医化废水治理上有先进技术的企业,吸取国内外先进经验。

2000 年,在多方考察以及浙江省环科院的推荐下,最终日本荏原公司的废水处理技术与系统(运用反硝化生物脱氮+超细 PW 膜过滤处理医化废水)让决策层露出了满意的笑容。

可是,这套设备的引进建设需要耗费近千万元,而企业 1999 年整年的净利润仅为 3000 多万元。换句话说,这套昂贵的系统要花费企业近 1/3 的年盈利数额。

"我们是生产药品的,关爱生命是企业的使命,我们决不能以牺牲环境为代价来换取高额利润,该花的钱就要花。"对此,华海药业的决策层态度高度一致。在这样的共识下,公司毅然引进了这套设备。

2000 年,这套日处理 700 吨的废水处理系统建成并投入使用。当年这套最高规格的环保处理系统一投入使用,便吸引了省内很多企业派人来考察学习。当时的国家环保总局局长解振华亲自来视察该套系统的运行情况后,也给予了高度评价。

2003 年,华海药业又投资了近千万元,建起了第二套废水处理系统。同年,华海药业在川南的新厂区只有 1000 多万元销售收入,但环保设施已经投了 3000 多万元,所有的废水、废气管道都留足提前量,而且全部架空铺设。"其实,这比今后生产规模扩大了再被动补课，投资要小得多。"陈保华这样算账。

2005 年，华海药业成为首家荣获"国家环境友好企业"称号的医药企业。

环境保护只有起点，没有终点；只有进行时，没有完成时。陈保华说，欧美大制药厂在选择长期供应商时，除了考察企业的生产能力、质量保证体系外，还要实地考察企业的环保状况等。他们认为一个企业只有拥有强烈的社会责任感，才能生产出过硬的产品。这恰好与华海药业崇尚的"以人品制造产品"理念不谋而合。

领先一步天地宽

2003 年，华海药业在上海证券交易所上市，成为临海首家上市公司。陈保华曾说上市对公司发展的好处有六点：第一，进一步优化法人治理结构；第二，促进规范化管理；第三，吸引人才、留住人才；第四，推动产品研发和市场拓展；第五，建

2003 年 3 月 4 日，华海药业在上海证券交易所上市

立长期稳定的融资平台；第六，提高企业的品牌形象。

华海药业的发展得到了各级党委和政府的关心与支持。2004 年 6 月 8 日，时任浙江省委书记习近平同志来到华海药业视察，走厂区、进车间，在充分肯定公司的相关工作和发展成绩的同时，对华海药业提出了更高的要求和目标：要把华海药业发展得更加壮大，要走出国门，为社会做出更大的贡献！陈保华始终牢记习近平总书记的嘱托，并将其转化为提速发展的强大动力。也正是在那年，华海药业在美国新泽西州设立华海美国（国际）有限公司，开启了国际化之路。

陈保华以振兴民族药业为己任，勇当医药国际化的领头人和探路者。2004 年，陈保华首次赴美国 FDA（食品药品监督管理局）总部考察。FDA 的官员告诉他，印度已经有 36 家企业拿到了 38 个 ANDA（简化新药审批）文号，而中国 1 个也没有。美国 FDA 认证作为全球最高的药品质量标准认证之一，在一定程度上代表了一个国家的制药水平。听闻这番话，陈保华暗自下定决心，立志回国后要让公司的产品拿到中国第一个 ANDA 文号。

作为国际上对品质要求最高的药品认证，FDA 认证不仅要求产品的工艺研究、质量研究、稳定性考核等各项指标都必须经过验证，而且要做药理研究和生物效性测试等，只有达到与原研药相同的药效，才有资格去申请美国 FDA 认证。

申请认证的时候，企业必须按照美国 FDA 的要求编写文件，准备充分后才能递交给美国 FDA，美国 FDA 按照仿制药审查的要求对资料进行反复审查，审查通过后，再派专家到公司进行车间现场 GMP 认证。陈保华说："如果你前面这些工作没有做好，没有达到美国 FDA 的要求，对方是不会派人来认证的。"

宝剑锋从磨砺出，梅花香自苦寒来。从 2003 年到 2007 年，历经四年努力，华海药业终于收到了来自美国 FDA 官方的函件，确认抗艾滋病药奈韦拉平制剂产品以及生产线以零缺陷通过了美国 FDA 认证，并自主拥有 ANDA 文号。

美国 FDA 官方函件的发放，不仅圆了华海药业多年的梦想，还改变了世界对中国制药的认知，改变了中国对美国只有进口药、没有出口药的历史。

2011 年 7 月，时任浙江省委书记赵洪祝率领的浙江经贸代表团在美国新泽西州与当地企业举行投资贸易洽谈会，陈保华代表浙江企业分享公司在新泽西州的成长和发展。

"当人家在做中间体的时候，我们开始做原料药；当人家开始做原料药的时候，我们做原料药海外认证……"陈保华说，"当今时代瞬息万变，如果没有'领先一步'的理念指引，没有对市场的超前把握，没有足够的预测能力和很强的创新能力，企业就很难长足发展。'领先一步'，也是重要战略，我们要勇于做第一个吃螃蟹的人。"

坚持这一战略，华海药业开始进军生物药、创新药领域，力求做到总是领先一步。

明知山有虎，偏向虎山行。陈保华说干就干，引进高端人才，由具备20多年从业经验的专家带头组建团队，从高起点开始研发。

在这之后便是多年的不断投入——先进的设备要投入，人才的引进和储备要投入，研发和产品注册认证也要投入。但陈保华深知在制药行业要走得比别人更远，必要的投入和对周遭质疑的忍耐是至关重要的。

2012年，华海药业成功入选由中国医药企业管理协会评定的"2012中国最具竞争力医药上市公司20强"，是浙江省唯一上榜的医药企业。

2013年，华海药业成立了生物新药公司华奥泰。

2015年，华海药业成立了化学创新药公司华汇拓。

华海药业的"领先一步"不仅体现在他们的产品研发与提升中，更体现在他们的企业发展规划上。

为有源头活水来

药品是特殊的商品，直接关系着人类的健康与安全。华海药业始终贯彻"以人品创造产品，以创新推动发展，以品质塑造未来"的理念，将质量视为企业的发展之本。陈保华常说："制药企业生产、销售的不仅仅是药品，对于患者来说更是健康和希望。"

"质量不是检验出来的，而是设计和生产出来的。"这是华海人的共识。为了保证药品质量，华海药业以国际顶尖的GMP管理为基本标准，在严把产品检验关的同时，将GMP的理念前移，对药品的全过程，包括研发、采购、生产、仓储等环节进行严格管控，同时通过多种方式对公司的整个质量体系进行管理和监督检查，确保产品百分百合格。

正是由于对质量的高度重视，华海药业在打造高品质的道路上取得了非凡成绩。目前，公司所有产品均已通过国家新版GMP认证，大部分产品已通过美国、欧盟、澳大利亚、韩国等官方机构的认证，是国内通过国际药品质量认证最多的制药企业之一。

近20年的国际化发展历程中，华海药业取得了中国医药历史上的4个"首家"：中国首家通过美国FDA认证企业（2007年）、中国首家获得美国ANDA文号企业（2007年）、中国首家制剂规模化销售美国市场企业（2009年）、中国首家挑战美国原研专利企业（2016年）。

中国登陆美国零售市场的首款制剂产品盐酸贝那普利片，现在在美国的市场份额占据第一。当年，这个产品在美国上市的时候，美国的药店纷纷表示不敢卖，是因为他们没有售卖过中国制造的药品，并在没有通知华海药业的情况下把产品送去第三方进行质量检测，最后测出来其质量稳定性比美国同类产品还要高，这才得以在美国市场逐渐推广。

7年前，中国想挑战美国原研专利是不可能的，但是在2016年，华海药业因帕罗西汀胶囊的专利问题在美国新泽西州跟美国原研公司对簿公堂，最后法庭当场

陈保华在浙江—新泽西州投资贸易洽谈会上分享经验

宣布华海药业胜诉，宣布美国两项原研专利失效。这是中国第一次挑战美国原研专利成功。成功的背后依托的是陈保华振兴民族药业的深厚情怀和公司累积的雄厚实力。

社会责任勇担当

作为一名土生土长的临海人，陈保华也不忘践行责任，反哺桑梓。企业做大了，许多人劝他把总部搬到沪杭这些大都市去，他却坚持留在临海，"我要回报家乡政府和人民对我成就事业之恩"。他每年投入上亿元的环保费用，捐建了"保华大桥"，用以建设青山绿水的美好家乡；为所有员工设立了孝心基金，传承中华美德；对员工的婚嫁、孩子入学教育、住房交通、大病特困给予全面的保障和补助，让大家无后顾之忧。

授人以鱼不如授人以渔。他倡议实施"民营企业薪火传承行动计划"，创办了《企业家》杂志，利用党校平台等从多方位向台州市新生代企业家传授创业创新心得体会，帮扶新生代企业家创业。他坚持教育是第一位的，建立华海高级职业学校、华海干部管理学院等培育专业人才；为浙江大学、浙江工业大学、中国药科大学、沈阳药科大学、台州中学等设立了教育奖励基金，鼓励学业提升，吸纳专业人才。

以社会责任为己任，积极参与东西部结对帮扶活动等。陈保华个人和公司累计已为定向扶贫、美丽乡村建设、教育帮扶、抗疫救灾、共同富裕等公益慈善事业捐赠或资金支持超亿元。默默奉献的背后是责任、担当和为实现梦想所做的努力。

从临海市人大代表到台州市人大代表，从浙江省人大代表到全国人大代表，陈保华无论走到哪里，都始终坚守"人民选我当代表，我就要为人民着想，替群众说话"的信念。

陈保华以其敏锐的洞察力、深入的思考力和崇高的使命担当，认真参与到国家社会治理和经济发展、行业改革和民生问题等事务中，积极履行代表职责，踊跃建言献策，积极摸索和总结代表履职经验。他提交的议案、建议的规范性和质量得到了浙江省人大和全国人大的一致认可，多件议案、建议被采纳，并得到了社会高度关注与点赞。

陈保华进行现场指导

    2020 年 1 月，新冠疫情突发，人民的生命健康受到了前所未有的严重威胁。疫情就是命令，陈保华迅速响应国家号召，抽调华海药业在美国及上海、临海三地研究院的 101 位科研骨干，成立抗新冠药物研发紧急攻关项目组，并亲自担任组长，提出了"与病毒抢速度、为生命抢时间"的号召。

    在陈保华的带领下，公司全面进入战备状态，调集各方资源，每天 24 小时连续作战，通过分组同步研发攻关、研发放大同步推进、生产质量控制同步完成等多途径缩短攻关时间，不计成本地推进抗疫药品产业化生产。

    凭借强有力的项目攻坚队伍、多功能可在线监控的设备系统配置，以及健全的工艺质量研究能力，华海药业投入近 4000 万元，仅用不到 40 天时间，便先后开发 3 款抗新冠相关药品，实现了快速度、高质量、规模化的研发目标，服务于人民健康和国家安全。

    在全力开展抗新冠药物研制的同时，作为国家集中采购药品的主要生产企业之一，如何在疫情期间实现国民用药保供保稳也始终牵系陈保华的心。在他的带领下，公司先后成立两级疫情复工保供保稳工作组，从疫情防控、组织指导、人员安全、后勤保障等多个方面建立了科学有序的企业防控复产机制，并提前在 2020 年

2月12日复工。其后，仅用7天时间，便实现了集采药品生产产能恢复率95%以上，有力地保障了国家集采药品的稳定供应。

面对国内防疫物资紧缺的局面，陈保华发动全球力量，通过美国、日本、欧洲等海外子公司全球紧急采购防疫物资，全力支援国内抗击疫情。他先后8次向国内各级疫情防控指挥部、红十字会、专科医院捐赠抗疫物资及药品，主动实践了一名民营企业家的社会责任与担当。

陈保华笃信实业兴国理念，专注制药事业发展，努力造福人民群众身体健康；坚定践行新发展理念，善于抢抓机遇，转危为机，实现逆势快速增长。

落实规划促发展

企业发展，规划先行。华海药业从2000年开始就进行发展规划的编制工作，对之后5年的发展战略做通盘考虑，这在民营企业中是比较超前的。

2010年10月，华海药业"十二五"及远景发展规划论证会在杭州举行。以中国医药企业管理协会会长于明德为组长的论证组经过认真评审，认为该规划切实可行，一致同意通过论证。

陈保华极其重视以规划引领企业高质量发展。从2000年编制华海药业"十二五"规划开始，到2021年编制公司"十四五"规划，他坚持亲自领衔，群策群力，统筹规划今后5～10年的发展战略与思路目标，并狠抓落实。他坚持以高质量发展为主，通过狠抓高层次人才集聚、新药开发、研发资金高投入、生产设备大提升等环节，推动公司发展。

2017年，华海药业科技产业园项目顺利启动。整个产业园规划面积共1200亩（1亩≈667平方米），总投资100亿元，固定资产投入65亿元，研发投入35亿元，建成之后可实现产值400亿元，利税80亿元。整个产业园可分为制造中心、研发中心、文化会展中心、生活服务中心、华海学院、人才社区六大部分。

产业园严格按照国际GMP标准设计，规划建设高端固体制剂、创新药物、新型抗生素、抗肿瘤药物、高致敏药物、原研合作药物六大制造中心。生产区采用国际一流设备，像德国的格拉特流化床、德国的菲特单双层高速压片机、英国的曼尼斯特多层压片机等，达到生产自动化、信息化、智能化，是工业4.0智能工厂。目前，华海药业正沿着内生增长和外延扩展并举的发展之路，充分发挥华海药业产业链垂直一体化优势。

而今迈步从头越

如今，华海药业已拥有注册资本 14.9 亿元，总资产超 154 亿元，占地面积 150 多万平方米，现有员工 7000 多人，在全球拥有 40 多家子公司，与全球 800 多家制药企业建立了长期合作关系，为 100 多个国家和地区提供健康医疗产品。公司现有研发人员 1500 多人，其中国家引才计划专家 15 人、浙江省引才计划专家 22 人、具海外留学背景的高层次人才 100 余人、研究生学历人才近 700 人，连续多年研发投入占销售比重超过 10%，具备生物药研发、化学创新药研发、细胞治疗研发、仿制药研发和化学原料药研发能力。

华海药业一次次成功转型的背后，是 30 多年来对创新的不断追求。华海药业一直秉持"品质＋创新"的核心理念，在贯彻创新驱动发展的实践中，总结概括出

陈保华走访研发单位

技术创新、市场创新、资本运作创新、管理创新、人才工作创新、文化建设创新等"六个创新"。这是创新驱动发展理念的贯彻应用，是推动华海药业高质量发展的动力之源。

陈保华认为，华海药业的发展之所以能够如此顺利，是因为华海人一直秉承着这样的经营理念：修德立身（要有责任担当和事业心，要有公平公正之心，要有定力和毅力，要低调做人、认真做事，要坚持自我反思）；善思立志（要有远见卓识，要有战略思维，要有辩证思维，要有创新思维，要有逆向思维）；经营立业（要有适应企业规模的管理理念，要有谋划全局和顶层设计的能力，要重视研发和销售，要注重人才和团队建设，要重视财务规范，要有防控风险的能力，要有处理好各种关系的能力，要事必躬亲）；勤学立才（要终身学习，要善于学习，要重点学习，要学思结合）。

雄关漫道真如铁，而今迈步从头越。面对经济发展的新常态，企业的发展将面临新的挑战，同时也迎来了新的发展机遇。对于未来，陈保华心中有一份清晰的"战略地图"。站在新的起点上，蓄势待发的华海药业将围绕"成为国内一流、国际知名、极具竞争力和上规模的制药企业"的愿景，不断突破自我，成就梦想，超越巅峰！

执笔人：浙江华海药业股份有限公司　李晗薇、陈依依

指导老师：化学工程学院　毛信表

案例分析

药物关系到人类的身体健康与生命安全，因此生产企业务必严肃认真地对待它们，以保证药品质量；同时也应创新改良药物，从而增强疗效，守护人民健康。

"要让中国人民吃上进口品质、国产价格的好药""品质赋予实力，创新赋予生命"。陈保华便是秉持着这样的理念，在艰难险阻中，突破重重阻碍，创办了华海药业，并带领它不断前进，成为享誉国际的知名企业。

机遇往往与风险并存。唯有敢于冒险、拼搏，方有可能抓住眼前的机会。毕业

后的陈保华干着薪资优厚、前程稳定的"铁饭碗"工作，却在看到了改革开放浪潮中的机遇时毅然辞职，下海闯荡。正是这样的果断抉择与坚定决心，使得陈保华走上了成功之路。

决心与勇气是成功的先导，而产品的质量与创新则是企业发展的核心竞争力和动力。陈保华坚持"品质+创新"的核心价值观，通过提高产品质量与创新，使企业成为国内通过国际药品质量认证最多的制药企业之一，拿到了中国第一个FDA认证，进军美国市场，挑战美国原研专利成功等。陈保华便是通过始终"领先一步"的品质与创新理念，使华海药业总能领先其他企业一步，在国际上大放异彩。

一个优秀的企业家应具有的不仅是勇毅与创新意识，更是社会责任感。斥巨资建设环保处理设施以保护环境；通过药品提质、创新保障人民安全，发展民族企业；建言民生问题；研发抗新冠药物，捐献物资……陈保华以其强大的社会责任意识，诠释了何为一名合格的企业家。

纵览华海药业发展历程，"领先一步"便是陈保华与华海药业成功的秘诀和核心。领先一步的创业，领先一步的提高药品质量、创新改良，领先一步的发展规划，领先一步的践行社会责任……如此种种的"领先一步"，使得陈保华与华海药业走得越来越远。

执笔人：化学工程学院　潘再法
指导老师：化学工程学院　单伟光

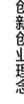

尤源

创新创业理念

创业者不要只考虑估值，要先把产品做出来，把事情做实，把市场做好。

尤源，男，1962年1月出生，浙江嘉兴人，1983年毕业于浙江工学院工业电气自动化专业。现任北京北斗星通导航技术股份有限公司董事、副总经理，嘉兴佳利电子有限公司董事长，浙江正原电气股份有限公司董事，杭州凯立通信有限公司董事，嘉兴佳利电子通讯技术有限公司执行董事、经理。

1983年，任嘉兴市电气控制设备厂试验站工程师。

1993年，任嘉兴正原电气机电成套设备公司董事长兼总经理。

先后获得全国优秀青年兴业领头人、浙江省劳动模范、浙江省私营企业优秀厂长、嘉兴市青年星火带头人、嘉兴市青年联合会优秀委员等荣誉称号。

一位不讲估值的"义工"企业家

——记工业电气自动化专业1983届校友　尤源

创业范例

尤源先后创建了浙江正原电气股份有限公司和嘉兴佳利电子有限公司（简称佳利电子），并加入中国第二代卫星导航系统重大专项应用推广与产业化工程，自称"中国北斗义工"，辗转多地，组织参与了几百场北斗产品应用推广活动，积极推动中国北斗车载应用产业化发展。

他筚路蓝缕，身先士卒，带领团队开创企业发展新纪元。

他将心比心，以己观人，在经历创业之艰辛后，力求打造大众创业平台，给后来之人创造机会。

他以"义工"自居，认为企业家不能光讲估值，更要自觉承担起社会责任。

尤源，这位"义工"企业家，正在这个时代书写属于他的篇章。

坚持创新理念，直争时代先锋

1983年，尤源从浙江工学院工业电气自动化专业毕业。此后，他先是在企业工作了10余年，而后下海，先后创建了浙江正原电气股份有限公司、嘉兴佳利电子有限公司。

自创建佳利电子以来，他一直致力于电子元器件研制，该行业特征是资金和技术密集型。为打通融资渠道，保证未来项目投资的资金来源，确保企业永续发展，尤源创新管理思路，于 2014 年 8 月与北京北斗星通导航技术股份有限公司（简称北斗星通）达成战略合作，北斗星通以发行股份购买资产方式向佳利电子定向增发股份。2015 年 4 月，经中国证监会审核通过，佳利电子成为北斗星通的全资公司，实现间接上市。

佳利电子的第一代新产品是无绳电话专用双工器，填补了当时国内该领域的空白。2000 年，佳利电子开始自主研制微波介质陶瓷材料及元器件。多年来，佳利电子依托自身在微波介质陶瓷材料上的产业优势和技术创新能力，通过集成化手段向下游发展，进一步拓展产品链，已建立覆盖"材料—元器件—组件—终端"的研发体系和产品链。尤源以"用心做好每一颗元器件"的工匠精神带领团队，迈出的每一步都力求精益求精。

截至 2022 年，公司拥有专利 60 余项、注册商标 5 项、软件著作权 1 项。其中，以尤源为核心的技术团队主持与参与制定的微波元器件行业标准及北斗应用专项标准共计 10 项，取得软件著作权 2 项，承担科研与产业化项目近 30 项，连续三年获得中国卫星导航学术年会颁发的北斗卫星应用推进奖。佳利电子曾获得全国五一劳动奖章，材料类技术成果"低温共烧片式多层微波陶瓷微型频率器件产业化关键技术"获得国家科学技术进步奖二等奖。

在经营企业的过程中，尤源始终坚持"科技创新、质量创牌"。2013 年开始，在现有浙江省级企业技术中心、浙江省级高新技术企业研发中心的技术创新平台的基础上，佳利电子着手部署建立专注于微波陶瓷新材料技术开发及应用研究的企业研究院，并规划建设佳利电子研究院大楼。

2016 年初，佳利电子微波陶瓷材料重点企业研究院经浙江省科技厅、浙江省经信委、浙江省财政厅批准设立。研究院致力于微波陶瓷新材料的研究与探索，大力拓展在北斗天线系统、新一代移动通信以及物联网等新兴产业和领域的产业化应用，以满足我国在上述三大新兴行业应用产品的国产化、稳定性以及小精准的市场需求，攻克关键核心技术，打破日、美在该领域的垄断，弥补我国及我省在基础材料、新一代关键器件与模块的规模化生产及应用短板，对内增强企业自主创新能力和核心竞争力，对外拉动全省打造浙江制造优秀企业和创建浙江制造优质品牌的步伐。2016 年 7 月，研究院大楼落成乔迁。

心怀家国大梦，投身北斗星通

众所周知，卫星定位系统对于一个国家来说意义非凡，在军事上的作用更是举足轻重。现代武器装备如果离开卫星导航，就会变成盲人、聋人。美国有GPS，中国也要发展自己的卫星系统，只有这样才不会受制于人。

2015年7月，佳利电子加入北斗星通大家庭，在"共同的北斗，共同的梦想"旗帜下共同追求更高远的梦想，开启了佳利电子和北斗星通协同发展的新篇章。由此，尤源制订了佳利电子未来3～5年的发展规划。第一，坚持共同的北斗梦想，引进并打造高端人才团队；第二，应用并推广电子元器件车间的智能制造新模式；第三，创建并依托3个平台，即原有以事业部为经营中心的"老佳利"、佳利微波陶瓷材料重点企业研究院以及北斗创客家建设；第四，实现4个国际化，即提升管理水平国际化、塑造品牌形象国际化、项目研发规范国际化和制造流程规范国际化。他争取在5年时间内再造一个"新佳利"，打造10亿级微波介质陶瓷元器件专业化研制企业。

实际上，佳利电子作为一家民营企业，要切入重大国家战略的北斗产业离不开一个契机。

"佳利电子早在2000年就已经介入了GPS的应用，已经在这一领域中打下了良好基础。因此，2008年前后，相关领导就找到我，希望我们能参与中国北斗的应用推广。"在2016年的访谈中，尤源表示佳利电子早已涉及导航产业，并有了牢固的根基，这就使得佳利电子在与其他类似企业相比时有了明显的优势。"所以说，佳利电子切入北斗产业，"尤源补充道，"一方面是企业自身转型的需要，另一方面是国家推广北斗应用的战略需要。"

"企业要获取回报，首先要讲付出。"尤源始终坚信"只有付出才有回报"这一信条。"北斗一号"系统刚刚建设完成时，尤源就立志以推动北斗产业化进程为己任，与其他导航产业厂家联合，自发组建"中国北斗车载产业应用联盟"。联盟秉持"自带干粮干北斗"的理念，自掏腰包承担推广费用。

是什么支持着尤源坚定地在这条路上走下去呢？答案是他心中不变的信念——胸怀民族荣誉感，义务为北斗"代言"。"发展北斗是国家战略，关系到国家安全问题。大国重器，怎能受制于人？中国人的导航必须用北斗！"在这样一种民族荣誉感的支撑下，尤源带领佳利电子克服材料研发弱、设备简陋的短板，与其他志同道合的企业一起，致力于发展北斗事业、推广北斗产业，提升民族品牌影响力。为此，尤源还被授予了"北斗义工"的称号。

在北斗产业的培育推广阶段，尤源做了很多努力，这些付出在很多人看来已大大超出了一家民营企业的业务范围。尤源却不这么认为："在北斗的研发应用中，老一代科学家为此付出了非常多，完全不图报酬，他们的精神给了我非常大的鼓励。"尤源表示自己还会继续在这条路上走下去，继续为了北斗的成功而奋斗。"从企业的角度看，任何一个新生事物的诞生，回报和产出应该排在第二位，首先要把市场培育起来。我跑了全国20多个省份，自己掏钱到各地去宣传推广，还参加各种各样关于北斗应用的学术会议。我认为企业要获取回报，首先要讲付出。"

而对于还要继续付出多少年这个问题，他也发表了自己的看法："按照国家战略，中国的北斗卫星要全面覆盖全球，北斗产业规模将超过4000亿元，北斗卫星导航在国内民用市场贡献率要达到80%，对重要应用领域的贡献率要达到100%。"尤源对北斗产业充满信心，认为其一定可以走向世界，与GPS站到一个水平线上，让更多的企业与老百姓都享受到北斗发展的红利。

历经风雨兼程，终有一朝崭露锋芒，2021年，"北斗三号"卫星导航系统正式开通，北斗应用在国内外的认知度和影响力大幅提升，北斗产业逐渐朝着规模化、集群化的方向发展，研发和推广工作得以告一段落。而在5G建设领域，佳利电子将继续跟随国家战略的脚步，开始新一轮任重道远的征程。作为中国大陆最大的微波介质陶瓷元器件生产商，佳利电子的介质器件、授时天线等多系列射频元器件产品已规模化应用于5G通信领域，为网络通信产业链企业提供国产化配套。面对时代机遇，佳利电子将更加坚定追梦前行的步伐，以稳健的姿态，在世界的东方树立起"GLEAD"品牌，为振兴民族产业做出积极贡献。

至于为什么把自己称为"义工"，尤源解释："义工精神就是只有付出、不求回报。"

坚定前行道路，创造时代机遇

随着社会发展，如今诸多企业家都热衷于投资，他们的投资目标众多，只要项目有利可图，便会选择。但是尤源不同，他选择了一个专业化程度极高的领域。

　　"抵得住诱惑是一个企业家最基本的素质。在创业的 20 多年中，我遇到过很多的诱惑，比如房地产投资热、'钱生钱'的金融热等，我都没有介入，我还是比较关心制造业。"尤源表明他只想培育与产业链相关的项目。对他而言，即便其他的项目再优质，如果与产业链不相关，他也不投资，只会把项目介绍给其他人。

　　创业从来不是一件轻松的事情，甚至可以说是"九死一生"。创业成功的尤源对此感触良多。他以己观人，认为有必要创造一个平台，为当下想要创业的人提供一个机会。"我们的定位是作孵化器。现在落户北斗创客家的大学生创业项目，他们的工资、生活费都是我们在发，我们还向他们开放所有的创新平台和资源。我们开玩笑说，我们既当爹又当妈，既当保姆又当创业的辅导老师。我们不求回报，我们在做义工。我相信最后一定会有回报，但是我们绝不是奔着回报去的。"

　　"创业的过程的确是九死一生，20 多年前的创业企业中，到现在还活着的没几家；现在大学生创业，环境好了，条件好了，但是市场竞争更加激烈。"虽然如今国

尤源在第四届中国卫星导航学术年会应用产业化论坛上作报告

家号召大学生去创业，号召有技术的人去创业，但尤源认为这些创业者往往不具备创业的经验。因此，他想利用自身20多年的创业经验来帮助这些创业者，使他们能够先生存下来，才能进一步发展。

以此"英雄惜英雄"的创业者胸襟，尤源一手打造了嘉兴首个由企业创办并依托企业资源平台的众创空间——北斗创客家，招募并扶持各类创业项目，给资金、给资源、给指导。尤源和他的导师团们与创客们常常促膝长谈到半夜两三点。这一切的付出在他看来是有前景的，他希望有更多的创业者成为像他一样的人，成为经营者。

尤源并不只是当"保姆"与"导师"，他还创新了"基金"保障体系。凭借佳利电子及母公司北斗星通的雄厚资本实力，他为创客们提供了三大基金配套，分别为种子基金、北斗产业基金以及开放"北斗创客家"项目路演所吸引的其他投资基金。这些举措使得创业者身上的压力轻了许多。尤源认为，投资众创空间不是赶时髦，而是要以打通北斗产业链为最终目标，要做专业型的众创空间，吸引北斗上下游产业链创业者和创业团队集聚，打通北斗产业链各环节壁垒，形成北斗产业聚集发展优势。如今，北斗创客家已成为省级、国家级的创客空间，已孵化创客企业（已注册公司）20多家，涉及新材料、物联网、天线系统等新一代信息技术产业领域。

尤源为创建这个平台付出了许多。"我们北斗创客家管理团队需在微信上聊到半夜，讨论如何管理和服务创业团队，甚至非常具体细致的问题，比如辅导他们如何进行财务管理、技术评审、规范化运作等。"

对于现今的创业者们，他也十分看好："当年我接到一个5万元的订单，没有任何人辅导，只能自己瞎摸索。但是现在，我们通过辅导，能让他们少走弯路，多一分成功的把握，多一点创业的信心。我想告诉新的创业者，现在是非常好的创业创新的机遇期，像我们这些老创业者都还这么有信心去辅导他们，希望他们能利用好资源。"尤源总结了20多年来的创业经历，给创业者提了3条建议："一是不断反思；二是要有创新的意识；最核心的一点是要有做老板的素质，肯吃苦，比较聪明，坚持学习。嘉兴很多老板，都把吃苦放在第一条。"

他也给予了创业者们最诚恳的忠告：创业者不要考虑公司估值，要先把产品做出来，把事情做实，把市场做好。估值越高，压力越大。

不忘己身职责，积极回馈社会

作为民建嘉兴市委会副主委，尤源总是以鲜明的思想政治意识和较强的履职意识，满腔热情地投身党派工作。其分管的基层组织和嘉兴建华企业家协会在组织建设、参政议政、社会服务等工作上均取得了显著成绩。2017—2022 年，民建会员企业家通过各种途径捐款总计 973 万元，其中捐资建校、结对助学 297 万元，会员企业新吸纳劳动力近 4000 人。

2017 年 3 月，尤源带领 10 多名企业代表，奔赴贵州贞丰县沙坪镇民族小学开展助学助教爱心活动，捐赠现金 5 万元及学习用品若干，受到当地政府和学校师生的欢迎。

同年 9 月，沙坪镇民族小学师生 15 人来到嘉兴进行为期 4 天的交流活动。他们在辅成教育集团开展交流听课活动，学习先进的教学理念；瞻仰南湖红船和革命纪念馆，体悟"红船精神"；参观互联网大会会址，感受现代科技；参观佳利电子，直击新型产业。师生们带着企业家们的满满关爱回到学校，开展汇报演讲活动，把"红船精神"带回家乡，成为维系两地友好往来的文化使者。这项服务已成为企业家协会服务社会的特色品牌。尤源因此荣获 2017 年浙江省民建年度人物。

不负使命，履行职能。尤源成立了"人民代表进社区"联系工作室。这成为人们关注民生民情热点问题的"前沿哨所"，为民建会员服务社会、服务市民提供了更多样的优质渠道。

正如他所说，企业的发展离不开国家优越的政策和创业环境。不忘初心、牢记使命，就是在企业发展的同时铭记自己的责任。企业家只有融入社会，为需要帮助的人奉献所能，才能真正体现自身价值和助人为乐精神。尤源就是一名乐意成为不讲估值的"义工"企业家。

执笔人：信息工程学院 2021 级自动化专业　董靖楠

指导老师：信息工程学院　仲国民

案例分析

他是"创新求变"的忠实信徒，20多年来主导推动了企业的一次次变革。

作为科班出身的技术派，他带领企业步步进阶为国家级高新技术企业，引领企业从家族式管理走向现代企业管理，推动企业成功并购上市；作为独具战略眼光的布道者，他领导佳利电子成功切入北斗卫星导航产业，提出"中国北斗·嘉兴定位"，义务推进北斗应用；身为循循善诱的创业导师，他打造嘉兴首个由企业创办的众创空间，招募创业项目，给资金、给资源、给指导，他希望更多的创客成为老板。

尤源深知，他不仅是一个创业创新的企业家，更是一个社会人，不忘初心、饮水思源、回报社会是他义不容辞的使命。因此，他积极回馈社会，捐资助学。同时，他有着"专注实业"的不变坚守。为北斗"做义工"，为创客"当保姆"，讲付出不讲回报，但万变不离其宗，只专注于打通北斗产业链。谈到实业情结，他幽默笑称："本人只有这点本事，就做这点小事情。"

自带干粮，致力北斗产业化推广

还记得小时候，父母指着北方那颗最亮的星星说："看，那是北斗星，当我们迷路的时候，找到了北斗星，就能找到回家的路。""北斗一号"系统建设完成后，尤源立志以推动北斗产业化进程为己任，与其他导航产业厂家联合，自发组建"中国北斗车载产业应用联盟"，辗转全国各地，组织和参与了上百个北斗应用推广活动，以一个民族企业家的最高热情致力于北斗车载应用产业化推广工作。彼时，北斗星通刚刚起步，没有活动经费，联盟就秉持"自带干粮干北斗"的理念，自掏腰包承担推广费用。为此，尤源本人还被授予了"北斗义工"的称号。就是在这样一群人的努力下，北斗卫星导航系统被越来越多的人所熟知，北斗车载导航形成了完整产业链，产值不断创造新高。

迎难而上，爱国情怀是支撑力量

北斗系统起步初期，佳利电子还只是一家名不见经传的小企业，无论是从零开始研发北斗天线，还是支持民族导航产业的推广与应用，都不是一件易事。回忆起那段艰苦奋斗的岁月，唯一能够支撑着尤源继续走下去的理由，是心中坚定的信念："中国人的导航必须用北斗！"正是在这样一种民族荣誉感的支撑下，佳利电子克服材料研发弱、设备简陋的短板，并与其他志同道合的企业一起，致力于发展北斗事业，推动北斗产业化，提升民族品牌影响力。

乘风破浪，开启"北斗＋"时代

从第一枚北斗天线，到第一个北斗信号接收终端设备，再到第一辆装载北斗导航系统的汽车，佳利电子始终参与其中，见证北斗导航系统的成长与完善，亲历北斗导航产业的起步与发展。眼下，"北斗＋"的时代已经开启，北斗开始应用于生活的各个方面。同时，随着5G的推进，"北斗+5G"还将催生更多的新技术和新业态。面对时代机遇，佳利电子更加任重而道远。未来，尤源也将带领佳利电子以更稳健的姿态，踏上新的征程，迎接黄金时代。

执笔人：信息工程学院 2020 级电气工程及自动化专业　范嘉怡
指导老师：信息工程学院　倪　彬

庞正伟

创新创业理念

以身作则，言行一致。

设定一流标准，不接受二流表现。

正面思考，当老板没有悲观的权力。

庞正伟，男，1962年5月出生，浙江台州人。1984年毕业于浙江工学院腐蚀与防护专业。

毕业后先后工作于浙江海门制药厂、浙江海门橡胶一厂、浙江省椒江市进出口公司、浙江东大集团公司等。

2004年，成立江西同和药业有限责任公司。2015年2月，公司完成股份制改造，更名为江西同和药业股份有限公司。2017年3月，公司股票在深圳证券交易所创业板挂牌上市。

现任江西同和药业股份有限公司董事长兼总经理；曾任奉新县工商联副主席、天台县工商联（总商会）名誉会长、江西省工商联（总商会）执委会委员、政协宜春市委员会委员等。

厚积薄发，努力成为全球卓越医药产品提供者

——记腐蚀与防护专业 1984 届校友　庞正伟

创业范例

2017 年 3 月 31 日，深圳证券交易所再次敲响了宝钟，这标志着 55 岁的江西同和药业股份有限公司（简称同和药业）"掌门人"庞正伟步入了一个新的事业巅峰。从浙江工学院腐蚀与防护专业毕业到如今创业成功，庞正伟始终用属于"理工男"的思维诠释着自己的事业和理想，严谨踏实地走好每一步，从予取予求的命运之路提炼出至简至纯的人生哲理。

当如潮的鲜花和掌声涌向这位戴上成功光环的上市公司新贵，他却认真地摇了摇头："成功？前面还有好多风雨……"

历尽千帆，终见云开月明

从小学到初中，庞正伟始终是邻居口中"别人家的孩子"，真正做到了德智体全面发展。学习方面，他的成绩总是班级第一，并且一直担任班长的职务。体育方面，身为校篮球队主力的他，在田径运动场上也备受瞩目。这样光鲜且顺利的生活一直持续到他初中毕业。

1976 年，初中毕业的庞正伟没有得到上高中的机会，这对成绩优异的他来说是一次不小的打击。那时，能否上高中是由生产大队推荐决定的。无法取得名额，庞正伟只能打点行装，随父亲到外地去边打工边求学。高中的求学经历是辗转的，庞正伟先后就读过半学半农的"五七学校"、插班进入公社办的高中。他在高中学习一年后参加高考，但由于基础差，差了几分未考上大学。后来，庞正伟终于进入了他梦想中的高中——当地的区（现天台县平桥镇）高中，再读了一年高二。

1980 年，庞正伟考入浙江工学院，进入了大学校园，度过了影响其一生的四年大学生涯。20 世纪 80 年代，中国的大学校园有着一种适合成长的文化氛围，在更加自由的交流环境里，热爱学习和喜欢阅读的秉性让庞正伟快速扎实地积累知识。学习之余，他也主动参加学校的各类文体活动，并且是校篮球队的主力。大学里每一点滴的积累，都为他日后的暴发积蓄着力量。

1984 年，毕业后的庞正伟被分配到浙江海门制药厂抗癌药车间做技术员。第 2 年 7 月，他被调至浙江海门橡胶一厂，此时的他开始释放自己的潜能，在橡胶这个陌生的技术领域做得游刃有余。他主持研发的双向旋转沟槽动力油封获国家级新产品称号，该项目获台州市科学技术进步奖一等奖；主持开发的"高强度膜片""抗噪声耳塞"项目均获台州市科学技术进步奖二等奖；多篇论文在《橡胶工业》《特种橡胶制品》等期刊上发表。

1987—1990 年，庞正伟连续 4 年被评为椒江市工交系统的先进工作者。1985 年，他罕见地被单位低职高聘为工程师。一步步迈向成熟的他在这期间娶妻生子，从车间主任、技术科长、生产科长到副厂长，庞正伟似乎正朝着辉煌科研的人生迈进，命运却给了他另一个选择，庞正伟被调至从事进出口工作，一个完全陌生的领域在等待他开拓。

令人惊叹的是，1991 年底被调到浙江东大集团公司从事进出口贸易工作的庞正伟，在自己陌生的对外贸易领域仍然表现得十分出色。他不但成功地将本地医药产品诺氟沙星、卡马西平、叶酸、潘生丁、利福平等推向国际市场，而且将一大批浙江医药企业带进世界原料药展览会，站在了更高的国际平台。自他负责医药化工类出口后，公司的医药化工贸易额迅速进入了浙江省的前 3 位，庞正伟也因此年年被评为椒江市工贸系统先进工作者。

知行合一，彰显"同和"特色

2004年，庞正伟创办同和药业。他率领同和药业的创业团队来到江西，在一片空地上开始了同和药业的建设。在来江西之前，庞正伟已有20多年的制造业、国际贸易行业的工作阅历。在20世纪90年代，他已走出国门看世界，足迹遍及亚洲、欧洲、北美、南美20多个国家和地区，去江西创业是"谋定而后动"。

取名为"同和"是因为庞正伟希望公司可以在所有职工的"同心协力"下"和谐发展"。公司创立初期确立的"用最小的成本，生产优质产品，做全球卓越原料药提供者"的使命，"打造江西领先、中国一流、全球认可的医药制造企业"的愿景等一系列顶层设计多年来基本保持不变。庞正伟用实际行动告诉我们，什么是不忘初心。时至今日，所有同和人仍秉持着"认真严谨，诚实守信，团结协作，主动提升"的价值观，为公司的和谐发展做出贡献。庞正伟深知，创新是改变世界的力量，人才是企业发展的动力。同和药业的创新是立体的，包括了企业经营的各个领域：产品创新、工艺创新、装备创新、管理创新，以及整个产品生命周期的持续改进和创新。同和药业依托强大的研发队伍、资源充足的研发试验平台，在产品研发领域保持领先优势。

作为全球卓越的原料药提供商，同和药业坚持"设定一流标准，不接受二流表现"的理想信念，秉承"执行为王、使命必达"的管理理念，以"没有最好，只有更好"的创新精神和"用服务业的态度来经营制造业"的服务意识，在与欧、美、日等国际高端特色原料药制造商的全球化竞争中，具备独特的优势，树立了坚实的地位。

一直以来，同和药业致力于保证原料药的国际品质，建立了与国际接轨的GMP质量管理体系，通过全面深入的质量研究、严苛的质量标准和科学的质量控制手段，确保产品的高品质。同和药业生产的大多数产品在细分市场上的份额排名全球前3位，并实现在美、欧、日三大市场的均衡销售；全球著名的制药企业大多与同和药业有贸易往来；抗癫痫药物加巴喷丁，消化道药物瑞巴派特，镇痛药物塞来昔布、醋氯芬酸，抗高血压药物坎地沙坦酯、替米沙坦，抗抑郁药物文拉法辛等原料药分别被美国FDA、欧洲药品质量管理局、日本厚生省等官方机构批准；与分布在全球60多个国家和地区的客户建立起长期的贸易伙伴关系……所有的数据都显示着同和药业的一流水平，凝聚着庞正伟的心血与汗水。

同和药业有如此成就，与创始人庞正伟对各个具体环节合理的安排密不可分。每一部分的设计都体现着庞正伟独到、科学的创业理念。

在人事安排上，同和药业的创业团队具有高度的互补性，体现了"君子和而不同"的精神。几大创始人分工明确：80年代后期入行香港医药国际贸易的梁忠诚主管销售；毕业于浙江大学化学系的合成专家蒋元森负责研发；毕业于浙江工业大学的黄国军负责工程与生产；具有20多年企业管理经验的赵鸿良负责财务与公共关系。正如同和药业宣传片中说的那样，这群"来自全球原料药生产基地——浙江台州的拓荒者，以深厚的行业积淀，在江西大地开始了一段创新的征程。"在工业设计与管理模式上，整齐的厂房布局，合理的生产线设计，严格的生产流程管理，设备表面无尘、无油、无料、无锈的现场"四无"管理把5S（整理、整顿、清扫、清洁、素养）管理推向极致。以风险管理为基础，推行全员参与、团队互助的EHS一体化安全管理模式，追求绿色、文明生产，实现可持续发展。同和药业是名副其实的生产安全型、环境友好型企业。

一家顶尖的企业必然会有独具特色的企业文化。同和人的使命、愿景、经营理念、企业发展指导思想明晰而一贯。同时，极限挑战营、钢铁磨砺营、全员军事化训练等各种教育，培养了同和人时刻保持工作认真严谨、处事诚实守信、能够同心协力应对任何困难与挑战的态度。这是同和药业持续发展的重要保证。因努力而卓越，因卓越而自信，这让同和药业成为全球广受尊重的原料药制造企业。

尽善尽美，打造卓越企业

国内特色原料药生产企业典型的发展路径是先做质量管理体系要求相对较低的医药中间体生产，等到企业发展到一定阶段，再延伸到原料药的生产。特色原料药的生产对质量管理体系的要求较高，且各个国家都有各自的规范与要求。正因为如此，企业管理人员的压力非常大，安全、环保、GMP是时刻悬在企业头上的三把"刀子"，稍一疏忽就可能招致企业产生巨大损失，甚至带来灭顶之灾。这方面的例子不胜枚举，不少全球著名的制药企业都曾因GMP的问题而遭受重大挫折。同和药业也曾因GMP问题受到过很大的损失。

2015 年底，同和药业在一次欧洲的官方检查中被判定为不符合 GMP 要求。在 2016 年 1 月接到通知后，他们迅速与欧洲官方展开沟通，说服其在 2016 年 4 月进行复检，经复检，对同和药业不符合 GMP 要求的判定终被撤销。即使如此，这段判定的时间里，许多客户仍取消了与同和药业的合作项目，公司上下所受的压力是外人难以想象的。

不仅欧洲市场要求严格，药品要进入日本市场更是难上加难。2007 年，同和药业生产的胃动力药物瑞巴派特的原料药等产品进入日本客户的视野。当时，日本客户提出的质量要求远超欧美标准，要求的杂质含量的上限要比欧洲药典低几十倍，这在当年是国内特色原料药企业很难理解的。但庞正伟认为，客户的要求就是他们的追求。他调动公司全部的研发与技术资源，使相关产品的质量满足用户的要求，这也培养了同和药业生产高纯度原料药的能力，成为后来同和药业技术优势的一部分。此后，日方对 GMP 现场检查的要求也十分严格，特别是现场卫生，可以说是到了严苛的程度。比如，他们会趴在设备附近的地上检查卫生，不仅检查设备底下的地面是否干净，更要往上看设备的底部是否清洁。

GMP 的严格要求是挑战，也是机遇。同和药业的企业管理正是在来自欧、美、日官方的一次次审计检查中不断接受挑战，不断得到提升。

2007 年，公司产品首次进入韩国市场。

2009 年，公司产品首次进入日本市场。

2010 年，公司产品首次进入欧洲市场。

2012 年，公司产品首次进入北美市场。

2014 年，公司"江西省特色原料药工程技术研究中心"获批。

2015 年，公司"博士后科研工作站"获批。

2017 年，公司在深圳证券交易所创业板挂牌上市。

2018 年，占地 366 亩的奉新二厂区开工建设。

2020 年，公司"江西省企业技术中心"获批。

很多人不知道，今天驰名中外的同和药业曾因为选址的问题而不被人看好，是庞正伟不懈努力的精神与坚守原则的创业理念成就了今天的同和药业。

当年，浙江的原料药企业在外迁时首选的地点是江苏、山东的沿海地区。当庞正伟选择在江西奉新建厂后，与很多业界朋友有如下对话。"你那靠海吗？"

"不。""你那边上有大江吗？""不。""那你去那儿干吗？"庞正伟创办生产原料药的同和药业，从未有过投机取巧的念头，从未有过转移污染的想法。公司成立以来，环保工作从未放松，"三废"（废气、废水、废渣）处理设施持续升级，从未因"三废"排放问题受过政府的停产处罚。"扎硬场，打呆仗"是庞正伟的企业经营哲学之一。他不但反对投机取巧，甚至不鼓励追求出奇制胜，认为在成熟的游戏里只有常规，没有奇迹。

原料药生产过程中，使用的易燃易爆原料多，危险工艺多，对企业的安全管理工作有极高的要求。庞正伟从建厂起就开始抓安全生产的制度和体系建设，建立完整的制度体系，形成安全生产管理制度200多个、操作规程500多个。公司制度建设也遵循PDCA（计划-执行-检查-处理）循环原则，确保各项制度在公司得到严格的执行并在实践中不断改进提升。庞正伟认为，安全生产是一项系统工程，伴随着生产活动的全过程。加强安全生产，强化管理，必须落实到全系统的各个环节，从企业的实际出发，从安全责任、人员配置、安全设施、风险评价到各种预案的制订，力求科学、合理、务实、高效。同和药业在多年的安全管理实践中形成了"安全第一，预防为主；全员动手，综合治理；以风险管理为基础，推行PDCA循环模式，创造团队互助、员工合作的安全环境，保证安全生产"的安全文化。庞正伟认为原料药企业的安全工作永远在路上，没有最好，只有更好。

其实，要让企业的员工们都接受这样的理念和管理要求是很难的。2006年，同和药业首条生产线投产后，就有许多生产一线的员工对公司的管理要求有抵触情绪。当时，他们常说的两句话是："我们保证产品收率，保证生产进度，达到控制成本的目标就可以了。在化工合成的生产现场，'跑冒滴漏'很正常，要我们把生产现场的卫生搞得比我们家卧室还要干净，没有必要。"针对这种情况，公司组织实施了54天的全体员工的素养与GMP理念培训。庞正伟亲自编写教材，亲自授课，全体员工全部利用业余时间学习。经过这次培训，员工的素养与理念有了飞跃式的提升。此后，业余时间的学习培训成为员工的自觉行动，成为一种风气，成为同和药业企业文化的一部分。

绿色发展，梦想照进现实

作为一个从业近 40 年的化工人，庞正伟见证和参与了中国精细化工和原料药工业从低到高、从弱到强、从少到多的发展历程。20 世纪 80 年代，大多数基础化工原料都需要进口，而现在，中国的化工品产值已占全球的 40%；80 年代，中国的特色原料药只有上海几家药企能够生产，而现在，我们已经让全球对中国的原料药产生依赖；80 年代，我们的产品质量检测使用化学滴定，而现在，一家药企都有几百甚至上千台液相色谱仪；80 年代，中等规模的企业还买不起 1 台 5 万元的混料器，而现在，生产线上的现代化设备亮得"晃眼"。80 年代，原料药生产企业基本没有环保设施，锈迹斑斑、"跑冒滴漏"是常态；90 年代，GMP 理念开始引入，少数头部企业开始接受 FDA 检查；21 世纪初期，GMP 理念向全行业普及；2010 年之后，国内加强对环保、安全的管理，让全行业的 EHS 水平有了质的提高。

虽然经过几十年的努力，中国原料药行业的整体水平有了巨大的提高，但庞正伟认为这只是量变，尚未到达质变。到目前为止，原料药制造的设备类型、合成手段、生产模式大多是欧美发明的。另外，原料药生产还戴着高污染、高安全风险的帽子。庞正伟认为，中国只有在生产模式、合成手段、设备类型上有越来越多自己的发明，不再跟在欧美后面亦步亦趋的时候，才是名副其实的强大。庞正伟有一个梦想：让化学原料药的生产现场像珠宝店一样干净漂亮！要实现这个梦想，技术进步是根本。多年以来，同和药业的研发投入连续保持在销售收入的 8% 左右。在公司近千名员工中，研发人员占到 300 多名。公司在粉体输送、密闭化生产、微通道连续化反应、光催化反应、手性诱导技术、不对称还原技术、绿色合成技术、催化技术和特定反应器技术上走在行业的前列，公司的主要产品均具有独立自主的工艺技术。

公司自成立以来，一直注重环保投入，环保设施占地面积超过公司已建成总面积的 25%。在"三废"处理上，应用了多项尖端技术创新成果，达到行业领先水平，充分实现了源头控制、分类收集、分类处置，以及废气超净排放处理、废水深度达标处理。

情系母校，不忘同窗之谊

总有一些事不能忘怀，总有一群人我心依旧，总有一种情感历久弥珍。作为恢复高考后第四批走进大学校园的幸运儿，庞正伟十分庆幸人生有如此不同寻常的四年大学生活。回想让人怀念的80年代，《希望的田野上》《年轻的朋友来相会》等歌声激越而嘹亮，青年学子深信"天下兴亡，匹夫有责"，满怀豪情，认为通过奋斗，一切都会好起来。那是一个拥抱思想和自由、积极向上的时代，如梦如幻，荡气回肠。母校四年的生活是这一代学子永不磨灭的记忆，这份感情从庞正伟组织的一次同学会的邀请函中可见一斑。

各位同学：

子曰：逝者如斯夫，不舍昼夜。仿佛就是在昨天，我们在浙西乡间的烂柯山下、乌溪江畔尽情地挥霍着青春年华，我们一起早读、上课、打球、散步，一起看郎平一代中国女排的比赛，一起唱《年轻的朋友来相会》。三十多年过去了，我们对上过的课程，比如贝努利方程、卡诺循环、格氏反应，甚至连微积分，都差不多忘干净了，但不会忘记初春晨读时校园一隅那带雨的玫瑰、盛夏宿舍一直延伸到教室的道路两旁遮天蔽日的梧桐、深秋校园后山的漫山红叶、冬日校外乡间田野的一派肃杀和苍凉，不会忘记学生食堂中我们最爱的糖醋排骨、大排菜底，不会忘记《排球女将》里的晴空霹雳、流星火球。《在那桃花盛开的地方》《乡恋》《妹妹找哥泪花流》《军港之夜》《外婆的澎湖湾》被我们传唱了许多年。山口百惠、陈冲、龚雪、张瑜、刘晓庆、郭凯敏激发了花样年华的莘莘学子对美好人间的向往！

……

三十年弹指一挥间，我们即将老去。已到知天命之年的我们，理性、从容、淡泊多了，激情、轻狂、功利少了。若今天我们再聚首，不会炫富，不用比阔，不必自卑。三十多年前，我们的性格、脾气、为人都已展露无遗，若今天比较成功，只是因为多了一些机遇，多了几分幸运；若今天不太成功，只是因为生活中缺少一些机缘。你还是三十年前那个你，他（她）还是三十年前那个他（她）。人生当中有各种各样的朋友，大学同学是很特殊的一种，纵使三十年没有见面，再聚首时仍然毫无隔膜，十分钟后可能就会蹦出一句"哈，还是那德性！"远在温哥华的张海洋说"发现了我们班上的微信群，激动得像着了火一样，将群成员的图像、信息颠过来倒过去看，失眠了好多天"，这叫同学；黄国军与徐培云一见面就"掐"，这叫同学；徐国庆不远万里前来参加同学会，这叫同学。在尝尽人生的酸甜苦辣之后，我们才深切地感受到同窗友情的弥足珍贵和难以割舍。

同学会不用承载太多，就当是一次娱乐、一次郊游、一次聚餐，没有狂傲，没有自卑，没有压力，没有凝重，只是一次淳朴情感的回归。人生固然是本书，相逢却只是首歌，轻松、轻松、再轻松。

……

抛却尘世的喧嚣，丢弃身边的烦恼，请你来参加毕业三十周年的同学聚会。

毕业以后，庞正伟多次返回校园，积极参与母校组织的活动，同和药业也与学校的多个学院有密切的技术合作。

奋斗不止，欣赏独好风景

叔本华说，人生就像钟摆，在痛苦和无聊之间来回摆动。目标没有实现时，人时刻处在痛苦中；目标一旦实现，人马上处于无聊中。作为企业家的庞正伟，对无聊有种负罪感，一个目标实现了，立刻就有一个新的目标，在一个目标接着一个目标的奋斗中，极少有无聊的机会，却享受奋斗的过程。

"同和药业要成为在全球备受尊重的企业。"员工们知道，在沉稳坚毅的外表下，庞正伟心里一直燃烧着一团火，那是一种深厚而无法形容的情怀。这种情怀深邃、热烈，每一个员工皆能感知。正是这种共同的情怀，支撑着同和药业的员工在执着的探索中向着事业的巅峰进发。2022年上半年，同和药业投资20多亿元的奉新二厂区已开工建设，向侧翼拓展的微生物发酵生产线即将开工，向下游制剂延伸的原料药/制剂一体化项目正在规划中。

在同和药业上市后的一次采访中，庞正伟用一句诗词作为结语："东方欲晓，莫道君行早，踏遍青山人未老，风景这边独好。"

执笔人：江西同和药业股份有限公司　张　波

指导老师：化学工程学院　许响生

案例分析

力学之父阿基米德说："给我一个支点，我就能撬起整个地球。"而对于一位沉浮商海的成功者来说，找到市场的支点，他就掌握了运筹帷幄之中、决胜于千里之外的金钥匙，在时代发展的蓝图上擘画出企业最美好的未来。

庞正伟就像这样一个寻找支点的人。他每扎进一个行业，总能激起一大片浪花。从国企屡获殊荣的技术研发人员，到外贸行业为了公司利益殚精竭虑的团队负责人，厚积薄发在庞正伟的人生道路上显得格外清晰。42岁创业，55岁迎来晨曦，他从未觉得成功来得太迟，因为谁又能说前期的积累不是另一种成功呢？

十八年的时间，他带领公司从国内竞相上马医药中间体的市场环境里脱胎换骨，成为一家以现代科技赋能的医药企业；十八年的时间，他完成了从一个平台到另一个更高平台的跨越，用付出的艰辛和努力见证了这个突飞猛进的伟大时代在医药行业的缩影；十八年的时间，他用进取和拼搏写下了一家企业在市场浪潮中搏击万里的故事；十八年的时间，他在沉淀积累中甩开狭隘思维的羁绊，以更大格局走向了悟道人生的心路征程。

执笔人：化学工程学院　毛信表

指导老师：化学工程学院　王　雷

傅龙云

创新创业理念

只有不断学习，才能跟上时代发展步伐。

傅龙云，男，1963 年 9 月出生，浙江金华东阳人。1987 年毕业于浙江工学院微生物发酵专业。高级工程师，浙江孚诺医药股份有限公司创始人、董事长、总经理。

2002 年，创办东阳市日升昌生物技术有限公司（浙江孚诺医药股份有限公司的前身）。

荣获 2021 年度东阳市经济建设杰出人物荣誉。

确定了目标，就要一锤打下去不放松

——记微生物发酵专业 1987 届校友　傅龙云

创业范例

当全国从事基因工程的人员寥寥无几，当基因重组类药品几乎面临"无"的困境时，学成归国的傅龙云以巨大的魄力和勇气投身基因药物的开发研究——于是，浙江孚诺医药股份有限公司（简称孚诺医药）由此诞生。

2008 年，傅龙云团队研发的复方多黏菌素 B 软膏（简称孚诺软膏）横空出世，短短几年，累计纳税超亿元，为国家和社会带来了良好的经济效益。傅龙云也实现了个人价值。从技术人员到创业者、企业家，即使职业身份在不断改变，傅龙云始终保持着对科研的严谨态度、对社会的高度责任感，带领孚诺医药日臻完美，走向更广阔的未来。

一锤打下去不放松，千锤百炼，实现人无我有

岁月因青春慨然以赴而更加瑰丽，未来因追梦不负韶华而更加璀璨。从一名书生到研究员（技术员），再到一名企业家，傅龙云在科技之路上追梦沉浮，将自己在生物工程技术领域的所学发挥得淋漓尽致。满载而归是大海给捕鱼人的礼物，方得始终是傅龙云不忘初心的回报。

相信不少家庭的药箱里都备着这样一支软膏：长方形纸盒，铝质软管，蓝白色调的纸壳外包装上印着简洁的"复方多黏菌素 B 软膏"几个字。这是孚诺医药生产

的孚诺软膏。它的外表看着与普通药膏没什么区别，却被美国军队列为急救药物，被国家纳入医保目录。

它的发明者正是孚诺医药董事长兼总经理傅龙云。

当驱车经过东阳市湖莲西街 209 号时，只要稍一抬头，你就能看到"孚诺医药"这四个字。这个不起眼的厂房散发着愈来愈亮的光芒，不断吸引着大众的眼球。

1987 年，傅龙云从浙江工学院微生物发酵专业毕业后，进入了华东理工大学生物工程专业攻读硕士学位，后进入中国科学院上海药物研究所从事药物研究和分析工作。工作期间，他曾赴日本大阪大学学习基因工程药物研究。漫漫求学路，为他后来的人生积累了扎实的基础和经验。

"由于当时经验和技术匮乏，全国从事基因工程的人员很少，基因重组类药品基本没有。"抱着改变这一现状的鸿鹄志向，学成归国之后，他果断联系了两位研究生同班同学。三人一拍即合，开始从事基因药物的开发和研究。"既然选择了远方，便只顾风雨兼程。"这句话在他们身上似乎成为最好的印证。

凭借早年一项重组干扰素生物制品二类新药证书的技术转让费，傅龙云和他的团队获得了人生第一桶金，并以此为资本，于 2002 年创办了东阳市日升昌生物技术有限公司，即孚诺医药的前身。

2008 年，傅龙云团队研发的孚诺软膏横空出世，短短几年，累计纳税超亿元，为国家和社会带来了良好的经济效益。

自 2002 年创办以来，孚诺医药先后获得"国家高新技术企业"等近百项荣誉称号。

唯一与梦想合拍的存在方法只有奋斗。那比星空绚烂的理想，在持之以恒的奋斗下，最终给了傅龙云最好的答案。

八年坚守，一支小药膏纳税超亿元

撑起孚诺医药发展大梁的孚诺软膏具有抗菌、消炎、止痛功效，疗效得到国内外广大医生和患者的一致认可。一支小小的药膏，研发时间长达 8 年，傅龙云团队前后倾注了无数心血。

说起研发孚诺软膏的初衷，傅龙云说，全世界有一万多种药物，光治疗皮肤病的药物就分抗细菌感染药物、抗真菌感染药物、抗病毒感染药物、抗炎药物等。谨慎而详尽地分析市场后，他抱着改变国内重组基因类药品匮乏的现状的愿景，选择了研发专治皮肤和创面细菌感染的局部外用药物。

"许多人羡慕我，说我一支药膏走天下，"傅龙云笑着说，"这也许是因为我运气好。"采访中，他多次提及自己"运气好"。但运气的背后，其实是孚诺医药独到的眼光和守得住寂寞的毅力。

研发一款药品，一般都需要 8 ～ 10 年时间，其间会遇到各种技术难关、资金链断裂等问题，项目随时可能夭折。研发孚诺软膏的这 8 年，企业投资 2000 万元，却是零收入。"研发资金随时可能打水漂，这是我从事医药事业的态度。"他说："但是，确定了目标就要一锤打下去不放松，以目标和结果为导向，不给自己预设困难，遇到困难再想办法解决。"直到 2007 年底，美国客户通过网络相中孚诺软膏，孚诺医药才第一次有了盈利。

守得云开见月明，之后，孚诺软膏的销售额如芝麻开花节节高，它在国内国际市场都打开了销路。

在傅龙云看来，选择产品要兼顾市场和技术。一款产品使用面广，市场潜力才会大，再加上技术含金量高，就能做到"人无我有"。

风雨多经志弥坚，关山初度路犹长。八年的坚守，最终带来孚诺软膏的成功。

企业发展如火车行驶，方向正确很重要

从研究人员到企业负责人，这个转身是否顺利？

傅龙云笑着说："所谓领导，核心只有四个字，即'领路'和'导入'。"不论取得如何卓越的成就，他始终把自己当作研发人员，而非企业家，如此方能沉心静气，与员工融洽相处，同企业稳健进步。

药品从研发、审批到上市要经历一个极其漫长的过程，十年磨一剑可谓常事。而孚诺医药从未停止创新的脚步，每年都会投入巨资研发新药。

"企业发展就像开火车，启动时较慢，行驶起来速度快。但是速度越快，行驶的方向越重要。"傅龙云这样说道。新药研发就是正确的方向，是药企可持续发展的命脉。凡益之道，与时偕行。傅龙云领导孚诺医药立足于市场实际，明确自身发展目标，把当下正在研发的七八款新药的目标都放在了填补国内市场空白之上。

对于企业的发展，傅龙云还认为，领路人需要开阔的眼光和超前的意识。

对此，孚诺医药多措并举，不断实践。2016年，孚诺医药推进"机器换人"，"私人定制"150万元的全自动生产包装线，日产量大大提高，且两年就收回成本。2018年，公司正式更名为浙江孚诺医药股份有限公司，走上品牌化发展的道路。

接下来，孚诺医药计划新建研发综合楼、仓库和厂房，并组建网络销售部门，在扩大生产的同时，实现销售方式上的转型升级，让企业变得"美而精"。

察势者智，驭势者赢。傅龙云以敏锐的目光审度孚诺医药的发展，为将其领上更长远的道路而不懈奋斗着。

只有不断学习，才能跟上时代发展的步伐

在傅龙云看来，要打造一家卓越的企业，除了创新力、领导力外，还需较强的学习力。这一点，他深有体会："社会瞬息万变，只有不断学习，才能跟上时代发展的步伐。"

学习力是企业发展的原动力。一方面，傅龙云自身不断加强学习，立足当前企业发展的实际，通过两年时间的自学、与行业内顶尖人士交流等，学懂弄通了大量有关资本市场的知识，晓通"资本市场可以促进企业规范管理，上市是企业发展壮大的必经历程"。另一方面，傅龙云不断加强企业本身的学习积累。孚诺医药高度重视研发队伍的建设，积极对接世界最前沿的技术、信息，建有省级院士专家工作站、高新技术企业研发中心，拥有国内领先的外用制剂等研发平台多个。

为了让院士专家工作站引领企业发展，傅龙云从一开始就重视平台建设，在基础设施建设上不断完善和升级，设立专用研发实验室，购入先进的研发仪器及设备，协助专家更好地开展研发工作；在人才培养上，采用产学研结合的方式，与多个院校及研究机构建立密切的合作关系，为工作站培养了一大批具有一定实验水平的研究人员。

傅龙云说，现在企业的研发投入非常大，人才、资金等各方面缺一不可。如果企业不重视研发创新，企业就会失去活力。院士经常参与世界性的专家会议，掌握较多的前沿信息，有了院士的指引，企业的发展方向就会有保障。

疫情防控，温暖同行

面对新冠疫情的严峻形势，傅龙云以高度的社会责任感投身其中，怀抱着共同

度过艰难时刻的希望，积极联系防疫物资生产方。2020 年正月初一，他拿出公司全部的库存口罩 700 只，带着食物等，慰问防控点的工作人员。"在疫情面前，企业要勇于承担社会责任，我们将尽自己最大的努力。"傅龙云如是说。

没有从天而降的英雄，只有挺身而出的凡人。

2020 年 2 月 2 日，孚诺医药向东阳市红十字会捐赠 100 万元。捐款分 4 笔：30 万元用于关爱浙江大学医学院附属第一医院医护人员；30 万元用于关爱东阳市人民医院医护人员；20 万元用于关爱金华市人民医院医护人员；其余 20 万元用于进行新冠疫情防控工作。

"一线医护人员是'战士'，他们工作强度高、压力大。"傅龙云十分关注疫情防控工作，真挚而恳切地希望这笔钱能给医护人员们带去关怀和鼓励。

2020 年 2 月 22 日上午，傅龙云向湖北的 179 支医疗救援队捐赠上万支孚诺软膏，为抗疫助力。该药膏可以起到杀菌和保护皮肤的功效，为湖北一线抗疫"战士"提供了强力保障。

同年 3 月 19 日，傅龙云为东阳江北街道核酸采样方舱防疫工作人员送去护肤品、洁面膏、孚诺软膏等若干，代表公司向防疫一线工作人员坚守岗位、筑牢疫情防控安全线做出的重要贡献表达深深的谢意和敬意，并希望通过捐赠呼吁大家关心和支持防疫工作。

傅龙云敢于担当、善于作为的种种表现，在无数人的心里留下了温暖的印迹。

执笔人：生物工程学院 2021 级生物与医药专业　李　欢

指导老师：生物工程学院　何　允

案例分析

科技之路追梦沉浮，锐意进取尽显豪情。傅龙云从浙江工学院毕业后，进入华东理工大学生物工程专业攻读硕士学位，后进入中国科学院上海药物研究所从事药物研究和分析工作。工作期间，他曾赴日本大阪大学学习基因工程药物研究。回国后，他将所学物尽其用，大展光辉。

他敏锐地察觉国内从事基因工程的人员稀少、基因重组类药品匮乏的困境，同时也看到了席卷全国的市场经济改革浪潮中的商机，果断找到了志同道合的同伴，开始投身基因药物的开发和研究，开启漫漫创业之路。

百舸争流，奋楫者先。经过几年的沉淀，2008年，孚诺软膏横空出世，在世界金融危机的大背景下依然站稳了脚跟。艰难方显勇毅，磨砺始得玉成。时至今日，孚诺软膏的销售额依然在不断增长，这正是当初有魄力、有远见的投资和坚持带来的最好的回报。

一名优秀的企业家，不仅需要强大的商业头脑，更应具有工匠精神、创新意识、冒险天性、合作决策、学习能力、诚信基石、执着本色、服务心态。唯有这样，创业创新的梦想才能茁壮成长，开花结果。正如他所说的："确定了目标，就要一锤打下去不放松，以目标和结果为导向，不给自己预设困难，遇到困难再想办法解决。"

当然，不论是企业家还是企业，在前进的道路上能否永怀初心，也是决定其发展长远与否的核心要素。于企业家而言，怀着一颗赤诚之心与员工交流，可获民心；对企业来讲，本着诚信原则，提升产品质量，可得顾客信赖。优秀的企业家不会安于现状，他们会更倾向于通过冒险的方式，抓住眼前的机会，奋力追寻内心的高远壮志。

种种显著的光辉成就并没有让他迷失方向，他始终不忘初心，追逐梦想。孚诺医药从创办开始，就一直坚持走研发创新之路不动摇，孜孜不倦地专注于医药研发生产，不断把资金投入新药研发。

在关注科技前沿、促进公司发展的同时，傅龙云也十分关注国内新冠疫情的动向，始终怀着博爱之心贡献自己的力量。

回馈社会，坚持梦想，即使职业身份在不断改变，他的精神却始终如一。历史对伟大企业家们的铭记从来不是因为他们的财富，而是因为他们对国家、民族、社会进步所贡献的力量。傅龙云一直坚守他的企业家和研究者精神，以"利他""创新""坚持"理念为支撑，不忘初心，乘风破浪。

执笔人：生物工程学院 2021 级生物与医药专业　李　欢
指导老师：生物工程学院　何　允

张志祥

创新创业理念

谋创新，强智能，挖低碳，拓国际。

　　张志祥，男，1967年8月出生，浙江上虞人。1989年毕业于浙江工学院工业电气自动化专业。现任北京建龙重工集团有限公司董事长、黑龙江建龙钢铁有限公司董事长、黑龙江建龙化工有限公司董事长，中华全国工商业联合会第十二届执行委员会常务委员，第十四届全国人民代表大会代表。

　　1989年毕业后在绍兴上虞物资局下属的土产日杂有限公司任职。1994年创办浙江杭州忠祥实业公司。1998年以租赁的方式取得了位于河北唐山的遵化钢铁厂的经营权，开始涉足钢铁产业。

　　2017年11月，当选中华全国工商业联合会第十二届执行委员会常务委员。2019年胡润百富榜排名第124位，财富值250亿元人民币；2019年福布斯中国400富豪榜排名第210位，财富值125.2亿元人民币。2021年，以11040万元的现金捐赠总额，位列2021年福布斯中国慈善榜第40位。

钢铁并购大王的崛起

——记工业电气自动化专业 1989 届校友　张志祥

创业范例

20 年，一座钢铁帝国被缓慢而坚定地建起。

20 年，"建龙"跃出深渊，翱翔在中国的上空。

20 年，他从白手起家到坐拥百亿资本，成为同行口中的传奇。

张志祥，被人称作中国钢铁并购大王的他凭借着过人的胆魄和超凡的手段，在 20 年间，将一座年产不足 10 万吨的小钢厂扩张到今天全球排名第八、中国排名第五的规模。他发迹于浙江，崛起于湖北，带领企业成为中国民营钢铁企业的龙头之一。

纵然已经登上了《财富》世界 500 强的榜单，但他并不满足于此。在数字化与智能化日趋重要的今天，张志祥仍旧保持着一颗谦逊的心，不断探索着能够使自己以及自己的产业更进一步的突破点。

大胆收并，从小做大

20 世纪 80 年代，张志祥就读于浙江工学院工业电气自动化专业。1989 年毕业后，他和当时大部分本科毕业生一样，选择了离校寻找工作。在上虞物资局下属公司工作了 5 年后，27 岁的张志祥辞职并创办了浙江杭州忠祥实业公司。1998 年，他以租赁的方式取得了位于河北唐山的遵化钢铁厂的经营权，从此开始涉足钢铁产业；2000年，张志祥索性一口气买断了这家钢铁厂。接着，张志祥选择以并购其他钢铁企业的方式，带领着他的钢铁产业走上了扩张之路。此后，张志祥凭借自身能力，迅速将产业发展到了绍兴、杭州、上海、南京、北京、天津、唐山等地。自此，"钢铁并购大王"开始逐步建立起了属于他的钢铁帝国。

张志祥的整合能力极强，这一点从吉林建龙钢铁有限公司的发展就可见一斑。2001年4月，通过租赁吉林市明城钢铁有限公司而成立的吉林建龙钢铁有限公司的业绩还是一片惨淡。3年后，其不含税销售收入达近30亿元，利润总额5.6亿元，上缴税金1.487亿元，成为吉林省重要的民营企业。

虽然社会上有人对张志祥这种并购的做法持有反对意见，但张志祥从不否定自己的扩张战。他认为，并购重组不仅是北京建龙重工集团有限公司（建龙集团）的扩张模式，更符合当前国家提出的"搞好大的，放活小的""区别不同情况，采取改组、联合、兼并、股份合作制、租赁、承包经营和出售等形式"这些对钢铁行业进行整合的思路。对于建龙集团多年来快速发展的原因，张志祥总结为：一是避开同行业同质化的竞争；二是完善建龙集团的钢铁产业链；三是建立战略合作伙伴关系。

在收购重组钢铁企业的同时，张志祥也通过一系列的收购重组、投资，向产业上游拓展。2005年1月，建龙集团收购了吉林省属最大国有企业——吉林冶金控股集团50%的股份。

初心不改，兼并重组

在取得了巨大的成功之后，张志祥并没有将企业转型的想法，而是决定将自己的钢铁产业继续做下去。张志祥认为，钢铁行业规模大，投入巨大，停产、限产带来的损失巨大，企业关闭会给当地民生带来巨大影响，像这样"转不起""停不起""关不起"的特点，注定了钢铁行业需要一个长期稳定的外部条件。而这也说明钢铁行业过度竞争将给产业发展带来很大的负面影响，甚至会极大地破坏钢铁行业的发展环境。

"提高集中度是重要甚至是唯一防范过度竞争的抓手。"在这种情势下，张志祥结合国家的相关政策以及"十二五"期间产业集中度下降而导致全行业低盈利运行

张志祥接受《世界金属导报》记者采访

的事实，认为应该进一步提高钢铁产业的集中度。那么，应该如何提高钢铁产业的集中度呢？

从政策层面看，2016 年国务院印发的《关于钢铁行业化解过剩产能实现脱困发展的意见》要求，到 2020 年我国钢铁行业兼并重组取得实质性进展；工信部印发的《钢铁工业调整升级规划（2016—2020 年）》也规划推动行业龙头企业实施跨行业、跨地区、跨所有制兼并重组，支持产钢大省的优势企业以资产为纽带，推进区域内钢铁企业兼并重组，提高区域产业集中度。政策提出的兼并重组的措施与张志祥之前走的并购之路较为相似，这也坚定了张志祥继续并购的想法。

张志祥始终认为，要想推动钢铁行业兼并重组，就要使市场在资源配置中起决定性作用，以及更好地发挥政府的作用。在此期间，建龙集团已经先后顺利重组海鑫钢铁、北满特钢、西林钢铁、阿城钢铁、乌钢等钢铁企业，为推进民营钢企间兼并重组贡献了重要力量，亦探索出宝贵的兼并重组经验。在过往的并购重组过程中，建龙集团充分尊重客观规律，充分暴露被兼并企业原有问题，并通过市场化、法治化办法给予解决；发挥自身产业优势，协助和配合地方政府实施招商引资，大力发展钢铁深加工、生产性服务业等，延伸钢铁产业链，保障员工就业和收入，使员工有获得感，促进了地方社会稳定，增加了地方政府税收。

对于如何进一步推动钢铁行业的兼并重组，张志祥也有着自己独到的见解。他结合自身过往的经验，总结出了两个要素。第一，要坚持市场化、法治化推进，让企业放心地去实施兼并重组；第二，要处理好各方利益关系，让兼并重组后的企业焕发持续活力。除此之外，张志祥也展示了一个属于建龙集团的"特别经验"，那便是偏远地区的重组要走在前头。基于这样的想法，建龙集团过去几年对东北、西北地区的钢铁产业实施了大规模兼并重组。

张志祥表示，自己不会停下扩张的脚步。"兼并重组将是一个漫长的历程，持之以恒是关键。"张志祥一再强调，从这些年我国钢铁企业兼并重组的案例看，某些企业多半是由于经营不善而被其他企业兼并重组。而要实现更多市场化的强强联合，由于体制机制、个人情结、发展阶段等限制，还需要假以时日。

改革创新，动力澎湃

唯改革者进，唯创新者强，唯改革创新者胜。

张志祥在对外坚持通过并购方法扩大产业规模的同时，对内也加大了科技创新的力度。他认为，兼并重组为企业提升管理、科技创新奠定了基础，但同时也提出了高要求。此外，环保、资源等约束日益加强，这也进一步彰显了科技在产业发展中的重要地位。张志祥认为，科技创新要解决两个重要问题：一是成本问题，不仅要有能力投入，还要愿意投入；二是理念问题，建龙集团理解的"工业4.0"即首先要实现平台化。

"钢铁企业发生深刻变化的时候到了，科技创新到了厚积薄发的阶段。"张志祥坚定地认为，一方面，随着移动互联网、云计算、大数据等技术取得新突破，基于信息物理系统的智能装备得到良好应用，电子商务的兴起等为传统钢铁制造的转型升级、创新发展提供了有利条件。新一代信息技术与钢铁制造业的深度融合将引发影响深远的产业变革，形成新的生产方式、产业形态、商业模式和经济增长点。另一方面，能否实现钢铁新工艺技术的研究与应用，以及重大工艺的创新能否走在世界前列，也将决定中国钢铁产业是否能够进入新的发展阶段。

在 2020 年全国两会结束后的采访中，张志祥表示，要将建龙集团打造成最具有竞争力的冶金协同创新平台。"今年政府工作报告提出要依靠改革激发活力，增强企业发展新动能，把实体经济提升到一个新的高度，也提出了一些很务实的、具体的措施，例如加大国有企业改革力度、优化企业发展环境等。这些都体现了国家对企业、实业的高度重视。"面对记者，张志祥分享了听取政府工作报告的感受。同时，他表明虽然报告不长，但对实体经济的阐述占了较大的一部分，他也从中受到了启发与鼓舞。

"建龙集团始终以改革为重要抓手来提升企业综合实力，从而打造最具有竞争力的冶金协同创新平台。"据张志祥介绍，建龙集团为实现这一目标，已经开始做出一系列有益探索。

其一是加强科技创新工作。张志祥表示建龙集团将加强集团科技创新工作，进一步加大科研投入力度。"建龙集团将建设一批实验室和中试基地，加强基础理论研究和科研成果应用及推广；同时还要进一步完善科研队伍体系，用 3 年时间形成内外部各 5000 人的'万人科研队伍'，提升集团科研能力。"张志祥说，建龙集团 2021 年迈出了壮大科研队伍力量的重要一步——"3 个 10"规划，即成立 10 个专业技术研究所、成立 10 个工艺品种研究所、整合 10 家国内外一流的行业相关的科技公司。而这个"3 个 10"规划最主要的目的就是壮大建龙集团的科研力量，从而提高建龙集团的科技创新能力，使得建龙集团能够进一步发展。

张志祥也介绍了一项科技创新成果："2019 年 12 月 19 日，建龙集团与达涅利集团共同组建了达涅利同创信息科技有限公司，将共同开拓智能制造和工业机器人等领域，推进建龙集团乃至整个钢铁工业的智能化。"

其二是探索数字化转型。随着现代科技的发展，数字化的重要性越来越明显。张志祥表示建设供应链采购平台是建龙集团探索数字化转型迈出的坚实一步。"该平台对建龙集团意义非凡，不仅可以提升供应链的稳定性，还能通过稳定的合作加强彼此的信任，提升双方合作的深度。接下来，建龙集团将通过加强内外部协调，发挥规模采购优势，优化供应链管理，规范采购行为，推动采购标准化和数字化，打造最具竞争力的冶金协同创新平台。"张志祥表示。

其三是要提升客户黏度。"以客户为导向，始终是建龙集团坚持的服务理念。"近年来，众多钢铁企业转变角色定位，在做好生产工作的同时积极服务客户，建龙集团在这方面早已不是新手，但张志祥认为还有不小的提升空间。"打造建筑业综合服务商和高端、专业、优质的工业用钢供应商，用工业4.0理念（利用信息化技术促进产业变革）改造现有管理经营模式，实现内外部的高度互联互通及对客户的精准服务，这些一直是建龙集团转型升级的目标。"

其四是围绕"一带一路"沿线钢铁产业进行布局。近几年，张志祥和建龙集团积极响应国家"一带一路"倡议，努力打造"走出去"项目。建龙集团先后重组山西海鑫、北满特钢、阿城钢铁、西林钢铁等企业，使得自身产能规模迅速跻身世界前列。在此基础上配合"走出去"项目，使马来西亚东钢也重现活力，让在2015年10月就已进入停产状态的马来西亚东钢恢复了生产。张志祥表示，他们计划将东钢打造成为具500万吨/年产能的马来西亚最具竞争力的钢铁联合企业，并推动当地钢铁产业园区建设。

着眼全球，未来可期

2021年，张志祥的建龙集团以逾1900亿元的营收额首次登上《财富》世界

张志祥接受《财富》记者采访

500 强榜单。但张志祥谦虚地表示做得还不够好，还要继续努力。

"我们集团算不上世界'500 强'，最多是销售收入'500 大'而已。"张志祥认为建龙集团只是在营收方面做得比较好，还不能算"强"。同时，张志祥也表示，现在钢铁民营企业面对的最大问题便是"无序竞争"。想要使钢铁产业得到更好的发展，就要改变这样的局势，将"无序竞争"一步步转变成"有序竞争"。

"至于未来，我们现在已经有了几个较为具体的目标。"张志祥对建龙集团未来的发展规划做了一个简单的介绍："第一个目标就是提高整个集团的规模。我们规划自己控股的企业的产能能达到 5000 万吨/年，现在在我们的布局已经基本上完成，在国内已经达到 4000 万吨/年左右的产能。另外，我们规划马来西亚钢厂的产能达到 1000 万吨/年，现在正在建设。第二个目标是尽早实现数字化与智能化。"

初心不改，使命担当

张志祥对自身的使命提出了自己的见解。他觉得国企和民企并不存在不一样的使命，都是为了让中国的产业发展更加健康。这也是所有企业共同的目标。

在钢铁产业越做越大的同时，张志祥始终没有放下心中的责任感。"中国共产党建党 100 周年的时候，我们钢铁工业协会开座谈会，我很有感触，因为我们中国最北面的两个钢厂都是我们集团的，一个在双鸭山，一个在伊春，它们都靠近中俄边境。我们就觉得很有使命感，因为如果没有产业，就没有人。假如没有人，边疆就容易有问题。我们的这两个企业分别是双鸭山、伊春最大的企业。我们把这两个企业做好了，上万人的就业就有保障了。"

执笔人：信息工程学院 2021 级自动化专业　董靖楠

指导老师：信息工程学院　仲国民

案例分析

张志祥无愧于中国"钢铁并购大王"的称号。从浙江工学院工业电气自动化专业毕业以后，张志祥并没有安于稳定平凡的生活，而是选择了自己创业，走上了一条前途未知、铺满荆棘的道路。虽然建龙集团走到具有今日这般规模离不开一群人的努力，但张志祥在这群人是最为重要的"定海神针"。

张志祥为什么可以成功？首先，他有着过人的胆魄与敏锐的商机意识。从最开始的辞去公职选择创业，到后来通过租赁获取场地与设备，再到大胆兼并重组其他钢铁相关企业，无不体现出了张志祥的果决与大胆。这份果断并不是毫无根据的莽撞，而是在通过分析产业发展规律后大胆做出的决定。张志祥始终明白我国目前钢铁产业的集中度依旧不够，而不同企业间的无序竞争也会给钢铁产业的进一步发展带来巨大的阻碍。此外，张志祥还善于把握时代发展的潮流。他深知数字化、智能化对于生产的重要性，便大力加强科技创新的投入，努力使企业的各个部分都能跟上时代发展的脚步，提高企业管理与生产的效率。而正是这些敏锐的发现，给张志祥指明了一条正确的发展道路。

其次，张志祥关注政策发展，始终紧随政策变化的脚步。他积极响应国家号召，利用政策利好这阵东风，把企业推向一个个新高度。无论是对《关于钢铁行业化解过剩产能实现脱困发展的意见》，还是对《钢铁工业调整升级规划(2016—2020年)》政策的合理解读，都造就了他的辉煌。

再次，张志祥自始至终都牢记自己的初衷，并努力付诸实践。他认为不管是国营钢铁企业，还是民营钢铁企业，在盈利之外还都有一个共同的目标，即让中国的钢铁产业发展更加健康，并认为偏远地区的重组要走在前头。因此，建龙集团过去几年对东北、西北地区的钢铁企业实施了大规模兼并重组，而这些举措反过来也使得建龙集团在这些地区的生产规模大大扩大。

最后，张志祥有着一颗谦逊进取的心。他所取得的巨大成就没有蒙蔽他的双眼。他冷静地观察着企业的发展，明白自己的优势与不足。登上《财富》世界500强榜单之后，面对他人的称赞，他也只是说："我们集团算不上'500强'，最多是销售收入'500大'而已。"

带着过人的胆魄与勇气，紧跟时代与政策的步伐，始终保持一颗谦虚之心，张志祥肩负着赤诚的家国情怀，将继续带领他的企业走向下一次成功。

执笔人：信息工程学院 2021 级电气工程及自动化专业　赵　林

指导老师：信息工程学院　倪　彬

徐春玲

创新创业理念

在实干中坚守初心，在奋斗中守望社会。

徐春玲,女,1968年10月出生,浙江舟山人。1990年毕业于浙江工学院发酵工程专业。现任浙江康恩贝制药股份有限公司党委委员、副总裁、产业管理总监,浙江康恩贝制药股份有限公司国家认定企业技术中心制剂分中心主任,浙江省中药制药技术重点实验室、浙江省重点企业研究院负责人。

1990年,入职舟山康恩贝制药厂。

2008年,担任杭州康恩贝制药有限公司总经理。

2011年,入选杭州市"131"中青年人才培养计划第一层次培养人选;2016年,被评为浙江省优秀共产党员;2017年,入选"浙江创新女杰100强";2018年6月,被评为杭州市优秀共产党员;2018年9月,入选浙江省新世纪"151人才工程"第一层次培养人员,享受杭州市政府特殊津贴,被评为杭州市三八红旗手;2021年,入选福布斯中国科技女性榜,被评为杭州市成绩突出科技工作者,获浙江省民营企业家科技创新奖等。

在实干中坚守初心，在奋斗中守望社会

——记发酵工程专业 1990 届校友　徐春玲

创业范例

　　创新、实干，谋求公司长远发展。十余年来，杭州康恩贝制药有限公司（简称康恩贝）总经理徐春玲带领员工们开拓奋进，为消费者提供安全优质药品的同时，实现企业利税额稳步增长，达成部分产品的海外销售目标，给社会和企业带来了巨大的经济效益。凭借着她的智慧以及一颗私心了无、大无畏的心，她为团队中的每个成员搭建了一个个不断创造、实现自己色彩斑斓的青春梦想的舞台。

　　个人梦、企业梦，共筑中国梦。在漫漫征途中，徐春玲如一位无畏的战士，满怀信心、披荆斩棘，以日夜坚守和平凡奋斗激荡起民族富强的澎湃春潮，为逐梦前行的新时代书写下属于她的生动注脚。

朴实坚韧，开拓进取

　　谈及本科学习生活带给自己的收获，徐春玲这样说："我的本科专业与我毕业时的工作还存在一定的跨度，但浙工大带给我的最大的品质就是朴实、坚韧、进取、愿意接受新的事物。当你踏上新的岗位的时候，你要愿意去挑战它，因为每一份新的工作都将是你走向成功的基石。"

　　初入职时，她发现有的干部因循守旧、墨守成规、怕担风险，导致工作一成不变、没有突破。"重复别人的事情，走别人的老路，在眼前或许能够取得一点点成绩，但是走不了多远。想要成功或是有所成就，必须要有开拓创新的精神。这种精神是我们党在改革建设过程中一直秉持的强大力量，是克服一个又一个困难、取得举世瞩目伟大成就的重要保障。"从党的百年奋斗中汲取智慧和力量，她认为自己要想有所作为，必须具备开拓进取的勇气和不懈创新的能力，善于接受新鲜事物，富有想象力，思想开阔，善于提出新设想、新方案，对每年的工作都有新目标、新追求。

肩负历史使命，承载时代希望，徐春玲始终保持着昂扬的斗志，始终以百折不挠的勇气和充满激情的干劲去面对各种艰难形势，锐意进取，勇于创新，为社会发展和国家进步不懈贡献自己的青春力量。

2008年，徐春玲任康恩贝总经理。当时公司正处于前期投入大、生产销售不能快速步入正轨的危急存亡之际，本着"带领康恩贝的家人们创新创业，创建杭康美好未来"的信念，她上任后确立的第一个目标就是"当年实现主营收入扭亏为盈"。在她的带领下，公司全体同仁上下一心，坚持管理创新，充分利用原有产品资源和销售资源打通销售渠道，激活产品市场，在当年彻底实现扭亏为盈的预定目标。就此，康恩贝扬眉吐气，坐上了高成长性快速发展的列车，奋勇向前。至2017年，公司的产品日益丰富，拥有包括片剂、胶囊剂、颗粒剂、散剂4个固体制剂剂型在内的15个品种、25个品规的优质产品；车间也由原来的2个增加到了3个；公司生产量达到2579.79万盒。

当今世界正经历百年未有之大变局。作为康恩贝的总经理，徐春玲表示干部应以身作则，不断强化责任意识，积极发扬开拓进取精神，培养战胜一切艰难险阻的勇气，迎难而上，逆势作为，以昂扬的斗志带领广大群众砥砺前行，不断推动我国各项事业取得高质量发展。她正是这样一路带领员工们开拓奋进，实现企业利税额稳步增长，更顺利将企业产品销售市场拓展到了海外。这在给企业带来巨大经济效益的同时，也对促进社会经济高质量发展做出了积极贡献。

秉持初心，一以贯之

从毕业的那一刻起，徐春玲就给自己立下"做一名优秀的制药人"的志愿。在毕业之后的 30 余年里，她一直秉持着自己的初心，潜心笃行，在药品研发、成果转化、产业化实施等方面均具有深厚的学术造诣。

在新型药物制剂产业化过程中，徐春玲团队提出的"微粉化上药""季节温湿度变化影响衣膜质量""离心上药与流化上药比较"等论点及其相关研究论文在多种期刊上发表；由她带领的团队还曾获评 2010 年度全国医药行业优秀质量管理小组、2012 年度全国医药行业 QC 小组成果发表一等奖等荣誉。在 2011 年初"十二五"国家科技重大专项课题征集时，她在"稳定均一的微丸释药系统关键生产技术研究"这一课题提出了许多创新的建设性观点，有力推动了国内微丸释药系统的发展。

同时，徐春玲积极参与推动科学技术项目。她承担并主持的各级重大专项累计达 37 项（包括国家级 8 项、省部级重点 19 项、市级 10 项）；主持、参与并指导的项目先后获得 5 项浙江省科学技术进步奖二等奖、2 项中国药学会科学技术奖一等奖，其中"基于神经网络设计和膜控微丸制备新技术的集成研究及产业化""银杏叶全产业链集成技术及产业化"2 项获得浙江省科学技术进步奖二等奖；主持浙江省中药现代化项目"银杏叶提取物缓释微丸胶囊创新研究与国际化"；参与"十二五"国家科技支撑计划"杭白菊规范化种植及综合利用研究"。她还作为主要参与者之一，完成了如"浙江省中药制剂技术重点实验室""浙江省重点企业技术创新团队建设""高品质银杏叶产品关键生产技术研究"等多项省级课题。此外，她的科研成果《浙江中药饮片炮制规范关键技术研究与应用》《基于大数据的中药新药研发》分别于 2019 年获浙江省科学技术进步奖二等奖、2020 年申报国家科技重大专项。

在知识产权等成果方面，"一种油菜花粉软胶囊及其制备方法""一种银杏叶制剂中有效成分的鉴别方法"等 12 个项目取得授权发明专利，获得中国专利优秀奖 1 项；她主持研发并产业化的 2 个缓释品种被评为浙江省医药制剂主导品种、优秀产品品牌，其中坦索罗辛缓释胶囊被评为 2021 年度浙江制造精品；她总计发表论文《HPLC 测定钻山风总生物碱的含量》等 20 余篇。

除了着力原创科研之外，徐春玲还致力于推动中药植物药国际化。她积极提升产品技术水平，主持完成多个药品、保健食品的国际注册和销售：如与德国 Evotec AG 公司合作开发 EVT-401 创新药物（国家 1.1 类新药）技术引进工作；完成美国药典的 10 余项标准对照品的开发工作；完成前列康的美国上市、银杏叶胶囊的加拿大注册；实现银杏叶提取物在全球 20 多个国家和地区销售，累计出口额超 2 亿元。

在徐春玲的带领下，康恩贝专注于新型药物制剂研究、生产，坚持技术创新，先后被认定为国家高新企业、浙江省级研究开发中心，获得了浙江省专利示范企业、浙江省创新型试点企业等多项荣誉称号，并研发出盐酸坦洛新缓释胶囊、列吡嗪缓释胶囊等具有核心技术优势的产品。徐春玲兼任新型药物制剂省级高新技术企业研发中心主任，在缓释制剂的研究及其产业化领域的成绩尤为突出。不同岗位的两项工作徐春玲都出色完成，在各自领域受到了专家、医生、患者的高度认可。

2016 年，徐春玲被评为浙江省优秀共产党员。在"两学一做"学习教育中，她以身作则，严格执行药品生产质量管理规范标准，从实从细把控每一个产品的质量。夜深人静时，她常常为技术攻关、项目推进而冥思苦想。她还拟定了 214 字的《制药人承诺书》，鼓励康恩贝所有车间员工每天上班前大声诵读，铭记制药人的使命。

"时时刻刻都要不忘初心。"身为党员，徐春玲始终以更高的要求严格对待自己，她将公司的"红色微丸"品牌党建诠释为"无微不至、丸系健康"，这前半句话是党总支对员工的承诺，而后半句则是他们对消费者的承诺。

乘风破浪，砥砺前行

尽管身处充满不确定性的市场环境中，各种风险挑战接踵而至，徐春玲自始至终都没有忘记自己的初衷和使命。她认为，不管是国营制药企业还是民营制药企业，在盈利之外都有一个共同的目标——让中国的制药产业更加健康。秉持着"对新兴药物的研发要走在前头"的理念，康恩贝在过去几年对盐酸坦索罗辛缓释胶囊、奥美拉唑肠溶胶囊等药物投入了大量研究。这些举措对康恩贝的发展也大有裨益，其生产规模快速扩大，在制药行业的影响力也得到显著提升。

2018 年年关过后，康恩贝旗下产品"必坦"货源偏紧，市场需求向好，销售前景可谓一片光明，因而生产部迅速进入红红火火的加班生产模式。徐春玲不忘关心关爱员工生活，把提升员工幸福指数作为切实需要解决的问题对待，几乎每次都在现场陪伴员工加班。员工对她说："徐总，你回去吧，你放心好了。"她总是说：

"我要跟大家在一起！"公司实行两班倒，她也跟员工一样晚下班；每季度公司周末开庆生会，她总是风雨无阻地按时参加，从不迟到、早退。她说"我一定要把祝福亲手送到员工那儿"，在全公司营造出团结友爱、和谐互助的浓厚氛围。

"对康恩贝来说，2019 年是一个艰难的低谷。"徐春玲回忆过去时感叹道。正是由于她和团队坚持不懈对科研的探索和努力，才能一次又一次带领企业扭亏为盈，从低谷中走向未来。2021 年来，康恩贝在徐春玲等高层领导的通力合作努力下，逐渐消除业绩拖累因素，进入新一轮的发展。

高质量发展必须注重协调发展，协调既是发展手段又是发展目标，要实现高质量发展，就要正确处理好发展中的局部和全局、当前和长远、重点和非重点的关系。徐春玲认为，国有企业在发展过程中也必须考虑各方面问题，兼顾各方面需求，统筹各方面工作。

人才在建设中国特色社会主义新时代工作中发挥着举足轻重的作用，培养和吸引优秀人才是在新的科技革命中抢占先机、赢得优势的战略选择。康恩贝在浙江等地设立了"康恩贝教育基金"，用来奖励品学兼优的学子们，不断深化与各个高校间的联系，引进领域尖端人才。同时，加大科技创新投入力度，努力促使企业的各个部分都能跟上时代发展的脚步，提高企业的管理与生产效率，大大降低了企业被行业淘汰的风险。

坚定信仰，善行如歌

康恩贝如今已走出国门，立于世界舞台。一路行来，康恩贝可以称得上是我们国家发展壮大的亲历者、见证者，也是徐春玲一路成长的见证者。

"我承诺坚定信仰，牢记宗旨，不辱使命，不负重托，和党组成员一道，开创康恩贝建设工作新局面，为康恩贝的创新发展和员工幸福做出新贡献。"回忆过往，就职宣誓时的铮铮誓言在徐春玲的脑海依然明晰。她清楚地认识到，"理想信念是人们向往、追求和奋斗的根本目标，是人们的政治立场和世界观在奋斗目标上的集中反映，更是一个人进行各种行为的支撑和动力。对一个人来说，没有正确的理想信念，就会失去人生的意义和价值。同样，对一个企业来说，倘若没有正确的坚定的理想信念，就会失去奋斗的目标，偏离前进的方向，丧失先进性和存在的依据。"

"为人类健康，献至诚至爱"——徐春玲和她所在的康恩贝是这么说的，也是这么做的。

在她的倡议及组织下，康恩贝主动承担了更多的社会责任，组织党员开展"爱心装进书包，希望送进大山""关爱尘肺病人健康教育与咨询活动"等公益活动；在发展自身、服务当地经济的同时，也努力投身经济落后地区的发展事业中，积极推动国家区域经济均衡发展与"三农"经济建设。

徐春玲也时刻提醒自己要努力实现"为员工的幸福尽全心全力"的诺言，不仅要让企业发展、员工有丰厚的薪资，更要让员工在工作中获得精神愉悦的满足感和不断创造、实现自己梦想的成就感，激励每个员工在实现中华民族伟大复兴的时代征程中贡献自己的力量、体现自己的价值。

新冠疫情暴发之际，她和公司高层一起紧急商讨对策，并发布了相关应对工作的通知。其中第一条便是要求员工做好防范保护措施；第二条则是要求生产系统做好紧急预案，以备不时之需。

自 2021 年 1 月 20 日凌晨 4 时起，康恩贝正式进入了"疫情防控工作模式"。在保证 12000 名员工的身体健康和生命安全这一首要前提下，徐春玲带领团队员工全力以赴投入疫情相关产品的生产组织与供应保障工作中。在此期间，康恩贝几乎是 24 小时加班加点地运转，以超出正常情况下 125% 的产能超负荷运行。

"我们有一家专门生产复方鱼腥草合剂的工厂，因为产品严重供不应求，仅大年三十当天休息了一天，第二天就启动前序工序，第三天就恢复正常生产了。"面对紧张的疫情防控形势，徐春玲和团队成员都奋不顾身地驻扎在一线，只要是管理干部能够顶上的非技术岗位，干部们几乎都冲在最前列。

此外，康恩贝针对当时急需的药物和防护物资情况适时调整了生产线。一方面，用工艺原料改产医疗机构急需的消毒酒精，并捐赠给医院、疾控中心等医疗机构，帮助大家缓解燃眉之急；另一方面，紧急申报口罩、84 消毒液、消毒酒精灯等产品的生产资格，在拿到生产许可证后立即开工。从这次为抗疫而战，到数十年如一日对履责的坚守，徐春玲和她的团队用行动为他们的初心与情怀做了最生动的注脚。

当好实现团队成员梦想的舞台搭建者这一身份，离不开徐春玲对每个员工在实现中华民族伟大复兴的时代征程中贡献自己的力量、体现个人价值的殷切希望，更离不开她身为一名民族企业家的社会责任意识。那些在劈波斩浪中开拓前进的青春担当，那些在披荆斩棘中开辟天地的青春奋斗，那些在攻坚克难中创造业绩的青春奉献，都将成为人生的宝贵财富，汇成时代的无限精彩。

执笔人：生物工程学院 2021 级生物化工专业　孙可想

指导老师：生物工程学院　金　鑫

案例分析

　　一路走来，徐春玲无愧于自己在大学刚毕业时许下的"做一名优秀的制药人"的承诺。从浙江工学院发酵工程专业毕业后，她并不安于稳定却平凡的生活现状，也不想一步登天实现自己的愿望，而是选择从基层制药企业做起，不断夯实基础，为自己能更好地走在荆棘丛生的人生道路上积累宝贵的经验。康恩贝及其相关的制药产业能达到今日这般宏大的规模与成就，离不开一大群人的努力与付出，而徐春玲亦于其中熠熠生辉。

　　那么，徐春玲为什么可以成功？为什么她可以带领康恩贝走向国际？首要的因素便是她有着过人的胆识和深度洞察的长远目光。从最开始舟山制药公司的一名员工，通过竞争选聘成为杭州康恩贝制药有限公司总经理，带领员工使企业扭亏为盈，再到成为浙江康恩贝制药股份有限公司副总裁，并携手企业一同成长、走向国际，这一路繁花相送无不是她坚韧、朴实、开拓进取的优秀品质的体现。她的奋斗并不是毫无根据的埋头苦干，而是在分析表象、得到产业发展规律后脚踏实地的印记。徐春玲明白，目前我国制药产业仍然存在着大量的市场空白以待填补，不同企业间的无序竞争也将给制药企业的进一步发展带来巨大的阻碍。正是这些切实合理的判断和认知，给徐春玲及康恩贝指引了一条正确的发展道路。

　　此外，徐春玲时刻关注国内、国际医药事业的发展，始终紧随国家政策和时代变化的脚步。她在"十二五"国家科技重大专项课题征集中，针对"稳定均一的微丸释药系统关键生产技术研究"提出了许多创新观点，并研发出了盐酸坦洛新缓释胶囊、列吡嗪缓释胶囊等具有核心技术优势的产品，从而有力推动了国内微丸释药系统的发展。在中药植物药国际化方面，她积极提升产品技术水平，如与德国公司合作开发创新药物技术引进工作，完成产品在美国、加拿大上市、注册等。对国内、国际政策和国际前沿科技的敏锐洞察力使得徐春玲有能力把握制药产业的发展动态，从而一步步带领着康恩贝走向壮大。

奉献社会、回馈人民的初心是徐春玲不懈奋斗的重要原动力。浮名与成就并没有让她迷失自我；相反，她冷静地剖析自己的优势与不足，始终以发展视角和战略思维看待企业的建设前景。身为科研人员，她勇创新，重研发；作为企业家，她有担当，报社会；担任党总支书记，她心向党，系民生。踔厉奋发，笃行不怠，她将个人专业联结于社会发展，将个人青春投身于时代振兴，将个人理想熔铸于家国建设，秉承着"做一名优秀的制药人"的初心，谱写属于自己独一无二的时代华章。

执笔人：生物工程学院 2021 级生物化工专业　孙可想

指导老师：生物工程学院　金　鑫

陈德水

创新创业理念

以专业、精进的精神，致力于产品的持续创新。做世界的糖醇专家，推动糖醇事业的健康发展。

校友简介

陈德水，男，1969年出生，浙江开化人。1991年毕业于浙江工学院化学工程专业。现任浙江华康药业股份有限公司党委书记、董事长兼总经理。

1991年8月毕业后，被分配到开化县华康药厂，先后担任技术员、车间主任、厂长。

2007年，原开化县华康药厂完成股份制改革，浙江华康药业股份有限公司成立，任董事长、总经理。

主导和参与起草《食品添加剂 木糖醇》《食品添加剂 麦芽糖醇和麦芽糖醇液》《食品添加剂 山梨糖醇和山梨糖醇液》《食品添加剂 D-木糖》等国家标准、行业标准30余项。主持完成国家火炬计划、国家高技术研究发展计划、浙江省重大科技专项等国家级、省部级重点项目20余项，获得中国专利优秀奖、中国轻工业联合会科学技术奖一等奖等国家级、省部级奖励6项。被评为轻工大国工匠、国家级人才计划入选者、浙江省劳动模范、浙江省优秀共产党员、浙江省担当作为好支书等。

精益求精，甘之如饴

——记化学工程专业 1991 届校友　陈德水

创业范例

2021 年 2 月 9 日，浙江华康药业股份有限公司（简称华康股份）鸣锣上市，实现了企业"从小到大、由弱到强"的蜕变，成为世界糖醇领域最具影响力的企业之一。

这是多年来，陈德水用青春年华书写的责任和担当，用自强不息创下的糖醇事业的传奇。

结缘，只此生生与共

1991 年 8 月，陈德水从浙江工学院化学工程专业毕业，被分配到开化县华康药厂（浙江华康药业股份有限公司前身）。

回到开化，选择归乡，是一种情结，亦是一种担当。在这片生养他的土地上，骨子里与生俱来的坚韧与刚毅，让他从进入开化县华康药厂后，比任何人都好学和热爱钻研。

刚从学校毕业，基层是磨炼心气、积累经验的好战场。他认为："来到一线岗位，只有沉下心来把学的东西与实际工作中看到的东西相结合，从理论到实践，再从实践到理论，将思考与行动结合，才能真正学以致用，用以促学。"那几年在一线岗位的工作经验对陈德水的影响很大，他说："如果我当时好高骛远，急功近利，日后的职业发展就很容易'浮'在面上，肯定不能从员工的角度思考问题，也不能对生产配置有深入的了解，那也就没有现在的我了。""敢于放下身段，勇于脚踏实地"是他对刚走出校门的"高才生"的衷心寄语。

"做一行，爱一行"是他执着、远大的志向。进入开化县华康药厂后，他担任技术员。初涉糖醇，一切都是陌生的，但他刻苦勤学、爱钻研、有耐心，马上脱颖而出，成了厂里公认的爱学习、有能力、很年轻的"人才"。

当时，开化县华康药厂是国有企业，受体制的约束，企业发展缓慢。有段时期，效益十分不景气，工人工资普遍下降，厂里一片寂寥。身处一线，他懂得"底层艰辛"，也更知员工不易。当时他就想，如果他有机会成为厂长，他一定要努力改善这种情况。

梦想的种子在他心里发芽，也在他心中盛开不屈之花。

1999年，众望所归，他担任开化县华康药厂厂长。都说他是幸运的，但他的幸运来自自身的专业过硬，来自员工对他能力的肯定，更来自他努力把自己塑造成为一个学习型、成长型的奋斗者。这些都与他善于思考、紧密联系群众、勤奋努力分不开。当时，他暗下决心："一定要找到管理企业的好方法，要让所有员工拥有良好的就业环境，要让企业焕发生机与活力。"

2001年，新世纪的曙光带来了新的发展机遇，也带来了新的挑战。国企面临着体制改革。是被迫收购还是以民营股份制形式重组，开化县华康药厂迎来了最艰难的选择。身为厂长的陈德水，毅然决然地坚持要以民营股份制经营形式放手一搏，那是付出所有努力后的心有不甘，更是肩上背负的初心使命。

"在改制中遇到的最大问题就是工人们意识不到企业现有的发展束缚，他们不理解为什么要改制。从国企改制到民企，他们普遍有心理落差，为此，我们团队需要做大量的解释、安抚等思想工作。"

那个时候，作为国企，员工家里用电、用水都由厂里承担费用，不可避免造成浪费。改制后，公司按照成本价向员工征收水电费，同时将一部分节约下来的水电费拿出来作为奖金回发给员工。他说："这本质上就是把物质性福利转变为货币性福利。"在管理上多些人性化思考，这也给陈德水今后的企业管理工作带来了更多的启发。

2001年6月，陈德水带领开化县华康药厂顺利完成企业体制转换，组建了开化县华康药业有限公司。产权机制的成功转换给企业提供了良好的发展机遇和空间。陈德水作为公司董事长大胆地对企业内部进行改革，按照市场经济规律和现代企业要求，建立了内部法人治理制度和扁平式的组织架构，完善各项管理制度，全面提升企业管理水平。

破旧立新后，华康股份克服重重困难，建立了适应市场经济环境的现代企业制度。陈德水团队提出了八字思想——"学习、服务、团队、效率"。学习，就是不仅要向市场学习，在市场中积累经验，开展批评与自我批评，而且要走出去学习，不能故步自封，要打造"学习型团队"；服务，就是不仅要为客户服务，以客户需求为中心，而且公司内部部门之间也要做好服务与被服务，这使公司内外都能达到和谐运营；团队，这对改制期间的企业尤为重要，"中小企业股东的团结是第一生产力"；效率，就是要做好统筹规划，提高企业的运营效率。

"学习、服务、团队、效率"——陈德水一直将这八个字作为公司管理运营的指导思想。"这也是让中小企业保持活力的关键，"陈德水说道，"我们不仅要围绕这八字方针，管理团队更要学会批评与自我批评，要学会请进来、走出去，不能故步自封，要多学习，把眼界打开。"建立一支学习型、活力型、服务型的团队，是他在改制过程中摸索出的有效管理方法。他坚信："只要我们积累得好，发展得稳，就能像滚雪球一样越滚越大，重量越来越大。"这个重量包含了一个企业的广度、深度和温度，即从广度上找新出路，从深度上深耕产品服务，从温度上关爱员工。陈德水对党员也有严格的管理，他的观念就是要将骨干员工发展成党员，将党员发展成骨干。党员骨干是企业人才队伍中的精华，他们在关键岗位上发挥着重要作用，是推动企业可持续发展的动力源泉。

2004年，华康股份销售收入突破亿元大关，创历史新高。

多年的磨炼，淬炼了他的意志，也使他积淀了更多的智慧，带领华康股份实现了从量到质的飞跃，正式开启了全新的发展时代。

从此，他的命运与华康股份的发展，如切如磋，生死与共。

曲折，只为辽阔高远

从20世纪80年代开始，华康股份的产品一直远销国际市场。在2000年前，华康股份95%以上的产品都是外销，但当时的产品只能给国外企业做原料。加之早期中国外贸的开放度不够，产品只能通过外贸公司代理销售，其中就存在着上下游信息不对称、价格难控与销量不稳的弊端，企业的命运大部分都掌握在代理手上，这让企业步入举步维艰的地步。如何突破，如何将企业的生存掌握在自己手上，这是陈德水面临的考验。"取消代理，自己做外销。"改变销售策略，势在必行。

2007年开始，华康股份逐步确立自己的大客户群体，不再依靠代理销售。掌握了主动权，但这也是一场刀刃向内的自我革命。陈德水说："这是很辛苦的事情，所有的活儿都要我们自己解决。"这个过程很痛苦，但陈德水坚信这个选择是明智的：一是可以打破华康股份与客户信息不对称的局面；二是这样更容易与客户建立紧密联系，从采购到研发，再到高层对话，都能开展深入的交流合作；三是这种"门到门的服务"具有及时性，以往通过代理，一个订单要两三个月完成，现在在欧洲建立了仓储，从客户下单到华康股份送货上门，两三天就可以完成。这样既提高了华康股份的服务品质，又提升了客户对华康股份的黏性，使华康股份具备了更大的风险防范能力。

主动权有了，队伍的专业能力是否能跟得上？陈德水又把目光放在了人才培养上："我们聘请了香港的销售总监。他80年代时从美国回来做计算机销售，有很多与大公司打交道的经验，带领了我们的国际部团队在欧洲成立销售分公司。"在国外设仓，可以更直接地掌握市场动脉，使华康股份对产品库存量与销售线路的掌控力、交货能力、服务能力都有了极大的提升。2007年，华康股份实现年销售收入2.67亿元。同年，陈德水开始筹划公司上市工作。

然而，2008年全球金融危机暴发，海外市场低迷，糖醇销量急剧下滑，产能过剩，产品积压，一连串的连锁反应使得上市的议程被迫取消，华康股份面临着生死存亡的巨大考验。面对这突如其来的危机，陈德水又陷入了思考：如何才能带领企业走出困境？他联想到国外市场当下的颓靡状态，果断把目光转向国内市场。然而，公司的产品十分单一，开拓新的市场又谈何容易。陈德水意识到，只有开发新的糖醇产品，才是打开国内市场的唯一出路。

他思维活跃，喜欢研究，总能找到新的突破。

在深入市场调查后，陈德水带领技术研发团队着手研发新的产品——果葡糖浆，一款在生产工艺上可以实现与麦芽糖醇共线生产的产品。这样不仅降低了投资成本，而且拓宽了产品市场。经过3年的艰苦探索，2011年，年产10万吨的果葡

陈德水在调研指导

糖浆项目投产，公司当年就实现效益新高，一转之前的颓势，打破了自2008年金融危机以来连年亏损的局面，公司有了新的生机。

为了满足市场日益增长的多元化需求，2013年，陈德水带领技术研发团队开始研发结晶山梨糖醇产品。从技术层面来看，国内当时存在着难以突破的技术瓶颈，放眼全球，也只有法国的一家公司拥有这种工艺。面对这种情况，陈德水下定决心要攻坚克难，做出自己的"独家秘方"。

于是，他踏上求师之路。来不及过完春节，陈德水就带领几位技术骨干奔赴台州的一家大型化工企业。寒冬腊月，大雪纷飞，国道封道，陈德水一行在盘山公路曲折前行，只为登门学技。理论准备充分后，他们又带上原材料去江苏常州找相关设备制造商定做实验仪器。他带领自己的技术研发团队，在国内的相近行业进行调研学习，前后做了20余次实验。之后，陈德水又带上团队前往德国做结晶造粒成型实验。短短一年的时间里，他的足迹遍布国内外。"现成的设备满足不了生产技术要求，那就改！"他一点一点钻研，比较测试数据，一步一步调整，拿着改良的设备图纸寻找合适的生产厂家，在生产车间进行反复实践，渐渐地，一套完善的生产工艺路线成型了。

2015年，结晶山梨糖醇项目正式投产，打破了行业壁垒和国际垄断。自此，华康股份从单一木糖醇产品发展出七大功能性糖醇系列产品。丰富和优化的产品结构，全面提升了华康股份的综合竞争力和抗风险能力，使华康股份成为国内功能性糖醇生产的领军者，为中国乃至世界的糖醇产业发展添上了浓墨重彩的一笔。

玉米芯是制作木糖醇的主要原料，但由于南方玉米减产，供应出现了缺口，必须从北方采购，这会大幅提高生产成本。该怎么做？陈德水的解决之道在于"走出去"。他带队到河南焦作进行考察，收购了一家当地的乡镇企业，建成了木糖醇原料生产基地——焦作市华康糖醇科技有限公司，从源头上保证了原料的充足。经过10多年的技术革新和产能提升，焦作市华康糖醇科技有限公司已成长为国内木糖行业中规模最大、综合竞争力最强的企业之一。

除了玉米芯，是否还能从其他来源提取木糖？他的想法总是很多。早在2012年，他就以材料的共同特性为基础，向湖南一家国有纸浆公司求证，只要能从纸浆中提炼出半纤维素，那么原料木糖的短缺问题就会迎刃而解。经过一年多的试验和技术研究，证明了这一技术如果实现产业化不但成本高、工艺复杂，而且产品质量也达不到要求，最后只能作罢。虽然这个项目以失败告终，但他收集到了大量的实验数据，他坚信，只要有正确的方法，就一定能解决问题。

2016年，他带领研究小组与四川一家生产黏胶纤维的公司开展合作，再次尝试以木质半纤维素为原料提取木糖。这一次，他们研究出了半纤维素低盐水解等关键技术，成功突破了木糖醇的原料瓶颈，实现了公司的绿色发展，推动了资源综合利用和产业循环经济，为行业转型升级和绿色制造谱写了精彩篇章。

华康股份对于糖醇类产品产线切换非常果断。2018年，华康股份调整工艺生产参数，将麦芽糖醇生产线部分设备改为生产市场景气度较高的木糖醇产品；2022年5月，年产3万吨高纯度结晶赤藓糖醇的生产线试车成功。

从原料渠道到技术研发，从产品需求到市场销售，一项项科研的成功、一次次瓶颈的突破，是背后无数次的尝试与坚守，需要常人无法想象的勇气和意志力。而陈德水做到了，他的团队做到了，他们的糖醇技术开始有了质的飞跃。

对于未来，如何把握功能性糖醇行业的持续发展？陈德水总结了四个方面因素："一是社会整体健康观念不断增强，带动功能性糖醇等健康产业持续发展；二是下游行业稳步发展，给功能性糖醇产业带来更广阔的市场需求；三是产业政策支持，给功能性糖醇产业发展提供良好的宏观市场环境；四是全球范围内的控糖、减糖建议，给功能性糖醇产业发展提供了广阔的发展空间和重要的发展动力。"

心有丘壑，高山可仰，未来可期。

经过多年的发展和技术破局，华康股份生产的木糖醇已经处于国际先进水平，产品的整体规模、市场份额均处于全球前列。在陈德水的领导下，"华康"已经成为"天然、安全、健康、甜蜜"的民族糖醇的代表性品牌，华康股份在"振兴民族糖醇工业，促进健康中国"的路上走得更稳。

2021年2月9日，华康股份在上海证券交易所上市，成为衢州市第8家、开化县第1家主板上市企业。

华康股份就此开启了全新篇章，开辟业界新蓝海。

致力，只做糖醇专家

上市就好比戴皇冠，如何戴好这顶皇冠，而不是被这顶皇冠压倒，这是陈德水时常思考的问题。他感到身上的担子更重了。"以前，我们就好比中巴车开在乡间小道上，现在换成大巴车在高速公路上奔驰了。怎么在高速公路上开好车呢？这就是我们要思考的。"上市意味着华康股份要被放到资本市场的赛道上，如何用好新赛道赋予华康股份的新资源，这是陈德水团队思考最多的问题。正因如此，陈德水团队对管理、运营、生产、研发等各环节的评估更加谨慎。

随着人们消费观念的改变和生活水平的提高，健康食品成为当今食品市场的消费热点和开发重点。作为重要的无糖、低热量食品原料，功能性糖醇有望进一步走进大众生活。我国人口众多，功能性糖醇在无糖糖果与食品添加剂的应用方面有着广阔的发展空间。

随着功能性糖醇生产规模的不断扩大以及对功能性糖醇功能研究的不断深入，功能性糖醇的应用领域也愈加广阔。"我们一直坚持做糖醇。糖醇主要是无热量或

陈德水作主题发言

低热量的甜味剂，目前在发达国家用处很大。我们相信，这会是每个人的追求，所以我们一直扎根在糖醇行业里面。"

我国相关部门近年来发布的对控糖、减糖的指南或建议，有助于功能性糖醇的市场规模进一步扩大。华康股份的糖醇产品，"三高"（高血脂、高血压、高血糖）人群也可以吃，属于健康、保健类产品，符合《中国居民膳食指南》中提到的控糖、减糖倡议。"我坚信在'减糖'的时代大背景下，这将会是华康股份的又一次发展机遇，在不久的未来，在全体华康人的拼搏进取下，我们必将迎来华康股份'甜蜜'事业的又一次发展高峰。"陈德水说。

"我们崇尚工匠精神，追求精益求精。既然选择了糖醇这个行业，那我们就一门心思扎根下去，从木糖醇、麦芽糖醇再到山梨糖醇、赤藓糖醇等七大糖醇系列，在糖醇领域做到最精、最优、最专，成为行业领头羊。"

引领市场，倡导健康消费，让糖醇产品走向更广阔的天地。这是陈德水的责任与使命。"我们目前在研究糖醇在人体里的吸收消化剂，且做了产品的安全评价，这样才能让更多的消费者放心使用。"

"市场瞬息万变，竞争愈趋激烈，我们要时刻保持危机意识，永远别让自己被动淘汰。"这是陈德水对每一位华康人的要求。2021年，公司获得了浙江省政府质量管理创新奖，这也是衢州市第1家获此殊荣的企业。同年，陈德水荣获轻工大国工匠称号。

共享，只为甜蜜延续

华康股份一贯重视与高校及相关科研院所的合作，长期以来，与浙江大学、浙江工业大学等知名院校建立了紧密的产学研战略合作关系。其中，与浙江工业大学相继成立了功能糖与糖醇工程技术研发中心、生物转化与生物净化教育部工程研发中心产业化技术开发基地、中国轻工业功能性糖醇工程技术研究中心、黄大年式教师党员工作室等。

截至2023年7月，华康股份共捐赠120万元设立"浙江工业大学华康教育基金"，主要用于奖励和资助品学兼优、家庭经济困难的研究生，以及支持相关实验室的基础建设。2022年5月，华康股份在浙工大朝晖校区举行了专场招聘会，他相信华康股份能给更多有能力的人提供成长空间。陈德水认为，一份好的工作要满足三个条件：一是能让人成长；二是能提供创造幸福生活的条件，也就是有竞争力的薪酬；三是让人有成就感。他希望通过校企联合，有更多母校的同学加入华康股份，共创"甜蜜"事业。

陈德水欣赏勤奋的人，他始终坚信："让公司能够迈入中国功能性糖醇制造行业第一方阵的成功密钥，就是一代又一代华康人身上那'奋力拼搏'的珍贵品质。"这也是他选才、用才、惜才的标准。

陈德水在经营好企业的同时，秉承"源于社会、回馈社会"的理念，积极带头参与支援灾区重建、国家公园建设、五水共治活动、爱心助学及精准扶贫建设等各类社会公益事业，累计捐资2000余万元，为社会的发展尽职尽责。近年来，陈德水被授予浙江省优秀共产党员、浙江省担当作为好支书、浙江省劳动模范等称号。

面对前景大好的功能性糖醇市场，陈德水笑道："未来，华康股份将以'成为世界领先的糖醇专家，推动糖醇事业发展'为使命，抓住国家健康产业发展机遇，以及产业、消费升级的市场机遇，专注于功能性糖醇和健康食品配料领域，加大技术创新和研发力度，进一步拓展产品应用领域，大力开拓新兴市场，提升企业的综合竞争力，努力成为健康食品配料行业的领军企业。"

使命召唤，心有所信，方能行远。

他的一生，只为糖醇，甘之如饴。

执笔人：化学工程学院 2020 级应用化学专业　郭海峰

指导老师：化学工程学院　李丹琳

案例分析

我们眼中的大人物，不过是一个普普通通的人，为了最初的梦想，满怀热忱，敢于冒险，一路跌宕，在数不清的挫折与失败后仍不放手，最后成为名满天下的成功人士。陈德水用自己的切身经历告诉我们，只有心中有光，脚下有力，坚持梦想，勤奋努力，才能创造无愧于时代、无愧于自己的人生。

纵观陈德水的创业历程，他的成功首先在于他勤奋努力。诸葛亮在《诫子书》中写道："非淡泊无以明志，非宁静无以致远。"陈德水一直秉持谦虚学习的态度，从技术员做起，将实践与理论相结合，不断学习进步，为日后带领一个庞大的企业蓬勃发展奠定了基础；在开化县华康药厂改制期间，他把"学习"作为团队的指导思想之一，带头向市场学习，在市场化中积累经验，开展批评与自我批评；他带领研发团队在寒冬腊月之时在盘山公路上艰难前行，不远万里登门学技，只为开始研发结晶山梨糖醇产品。倘若陈德水好高骛远，急功近利，那么就会像他自己所说的那样，只能做好表面工作而难以深入发展。勤奋永远是他最闪亮的标签。

陈德水的成功还应归功于他高瞻远瞩、敢于冒险的精神。陈德水曾一次次带领华康股份做出艰难的选择，开启华康股份全新的发展时代。或许在每次做决定时都会有很多反对与质疑，但他每一次大胆的尝试都被时间一次次验证，所有的猜忌都在华康股份逐渐强大的过程中不攻自破。陈德水有着企业家应具备的前瞻性、敢于创新的意识和能力，这让其在创业决策时有着足够的自信，推动着其在创业道路上获得一次又一次成功。

一个优秀的企业家不仅要有强大的商业头脑，更要有尊重自然、回报社会的精神。陈德水在创业过程中一直积极响应国家政策，坚持绿色环保、可持续发展的理念，实现环境与经济协调发展，在维护群众环境权益等实际工作中起到表率作用；陈德水还秉承"源于社会、回馈社会"的理念积极带头参与各类社会公益事业；他还不忘母校，积极与母校进行合作交流，让同学们有更多的机会进行锻炼。陈德水不仅仅是一个积极进取的企业家，更是一个真正对社会有用的人。

创业以来，陈德水一直坚持自己的梦想，脚踏实地，高瞻远瞩，全身心地推动糖醇事业的发展，致力做世界领先的糖醇专家。

他一直以自身的言行鼓励并且支持广大青年学子创新创业。而广大青年学子也应该学习这种坚持不懈、不断创新的精神，努力去做一个勤奋的人，在自己的创业或工作路上实现自己的价值，为建设更加美好的社会贡献一份力量。

执笔人：化学工程学院 2020 级应用化学专业　郭海峰

指导老师：化学工程学院　王　雷

都跃良

创新创业理念

只有专一，才能专业；
只有深耕，才能生根。

都跃良，男，1968 年 8 月出生，浙江平湖人。1991年毕业于浙江工学院机械制造工艺及设备专业。浙江大学管理学硕士，上海交通大学 EMBA，教授级高级工程师，现任镇海石化建安工程股份有限公司党委书记、董事长。担任宁波市第十四次党代会代表、宁波市工商联（商会）副会长、镇海区工商联副主席等社会职务。

1991 年进入中国石化镇海炼化检修安装公司工作；2008 年，带领企业改制成功，成立镇海石化建安工程有限公司，2022 年更名为镇海石化建安工程股份有限公司。

曾获"浙江省五一劳动奖章"、浙江省优秀党务工作者、浙江省担当作为好支书、宁波市新时代中国特色社会主义事业优秀建设者、镇海区特优人才、镇海区优秀民营企业家等荣誉。

强根铸魂，打造行业单项冠军

——记机械制造工艺及设备专业 1991 届校友　都跃良

创业范例

自 1991 年从浙江工学院毕业后，都跃良从扎根基层干车工、铣工等工作开始，经过 10 多年勤奋努力，走上了企业主要负责人的岗位，并于 2008 年带领千名员工成功完成了体制变革，抓住了企业快速发展的机遇。他始终坚守"打造世界一流制造企业"的情怀，通过坚持技术和管理双轮驱动，打造"正气、奋斗、和合"的企业文化，带领企业从原单纯为国企服务的子公司，一举成为拥有 152 项专利的国家高新技术企业和全国制造业单项冠军企业。其本人亦成为行业内公认的有理想、有情怀、有立场、有坚守、有匠心的新时代企业家。

敢担当，引领企业实现体制变革

2008 年初，根据相关文件精神，镇海石化建安工程有限公司（2022 年 6 月改制为镇海石化建安工程股份有限公司，简称石化建安）需从中石化改制分流，涉及 1000 名职工。面对公司改制改革工作任务重、时间紧、矛盾和焦点问题多、难度大等困难，本着对国家、企业和职工"三负责"的态度，都跃良认真梳理政策，摸清实情，立足实际，决断决策，加大改制改革政策宣传力度，常常与抵触改制的职工谈心交流，广泛征求意见，持续完善改制方案，历经千辛万苦，最终使职工统一了对改制的认识，坚定了改制的信心，使改制工作走上快车道。

企业成功改制后，擅长管理的都跃良以敦本务实的作风，持续提升精细化管理水平，向管理要效益，向精细管理要好效益。他建立健全了"全员、全面、全程"绩效考核体系，形成"公司—分公司—班组"的分解架构，通过对标找短板、传压力、促提升，充分发挥考核的导向作用。对每项重点工作，他安排专人组建工作联系群，及时通过各种渠道进行提示、检查和通报，打通阻碍执行的各级"竹节"，实现了管理流程最短、职责明确清晰、人员配置最优的目标。对生产经营管理中出现的各种问题，都跃良推行并实践"问题在下面，根子在上面"的各司其职的责任追究制，向来不把板子只拍在基层。

懂创新，加快企业转型升级

企业在改制后该向何处去？以什么为依靠？经过认真思考后，都跃良确立了专注主业、创新发展的思路。

首先，加大技术研发力度，及时组建企业装备研究院，每年投入数千万元，在专业产品上取得突破。几年来，成果丰硕，石化建安已具有授权专利152项，18个技术研发项目先后荣获多个奖项，并获得高新技术企业认定。2021年，公司被评为国家级制造业单项冠军企业。

其次，在清醒认识到人才匮乏是制约公司发展的瓶颈后，都跃良大刀阔斧推进"人才兴企"战略，大力开展人才培育工程，开辟经营管理人员与专业技术人员多元成长通道，实施"三年成熟、五年成才"培养机制，设立范丽锋新秀奖、东鼎人才奖与陈辉技能人才奖等覆盖全员的奖励措

都跃良在全国石油化工设备检维修技术大会上发言

施，企业人才工作取得巨大进步。公司先后有 50 多名员工获得全国五一劳动奖章、浙江工匠等荣誉，目前拥有中级及以上职称员工 600 余名，助推企业竞争能力不断提升。公司获评省级技能人才自主评价引领企业和浙江省就业见习示范基地。

在企业转型升级的路上，都跃良不忘党建和文化的助力。在摸准公司中心工作与任务变化后，都跃良结合非公企业的特点和实际，提炼建设"一二五"党建体系，以精选基层"领头雁"和"三个培养"为抓手，使公司党建不但没有因为改制成民企而变弱或淡化，相反通过不断创新得以强化。他还十分重视企业文化建设，形成了以"做成"为核心的一系列文化理念，其中"正气、奋斗、和合"作为企业的核心价值观，深度融合到企业的各项管理中，成为企业员工行为的指南。

树正气，做员工的贴心人

都跃良坚信正气能抵惑、能立信、能聚人、能成事。他带头发扬民主，敢于给自己戴"紧箍咒"，自觉接受全体职工监管。在他的牵头下，公司相继出台《领导干部廉洁自律八条规定》《公司"窗口"岗位人员廉洁从业行为守则》《领导干部"十不准"》《新员工"十不招"》等制度，强化了对企业员工，尤其是高管权力运行的制约和监督机制，规范各方的权力和责任，形成风清气正的政治生态。他要求职工保持和政府的亲清关系，决不用不正当手段腐蚀拉拢公务人员，更不搞权钱交易。同时，他选调懂制度、会经营、懂预算的职工到监察岗位，以"零容忍"的态度紧盯关键外围业务领域，防范"围猎、串标"的风险，堵塞腐败行为发生的制度漏洞。通过大数据异常情况分析，他及时查处了"出差违规住宿""虚假考勤骗工资"等案件，确保了公司运行规范。运行透明、职权清晰、责任明确、程序规范的管理体系自然也成了公司走向国际的"通行证"。公司相继通过道达尔、埃克森斯等企业的审查，成为国际供应商，使中国的换热器产品成功走向世界。

都跃良还大力开展领导干部"下沉服务"活动，要求党员干部带着感情温暖职工群众、带着责任贴近职工群众、带着本领服务职工群众，及时了解职工的思想动态、利益诉求、劳资纠纷、生活困难等情况，积极探索解决矛盾和问题的有效途径与办法，从根源上消除不安全、不稳定、不和谐因素。他还以职代会制度为企业民

都跃良在宁波市党校上课

主管理活动抓手，通过各个层次职工的座谈会，持续制订修正有利于职工、有利于企业健康发展的有效制度措施。虽然公司八成以上的职工处于技能操作岗位，但在都跃良的努力下，企业职工不断增进政治认同、思想认同、情感认同，在国内"用工荒"蔓延和剩余劳动力"探底"驱动下，石化建安成功以打通成长通道、建设"家文化"、提高薪酬待遇等为抓手，实现了拴心留人的目标。公司获评全国模范职工之家。

善学习，持续提升自我素养

有人曾戏说民营企业家只领风骚三五年。这话是以偏概全，只针对某些不爱学习、沉醉于"一孔之见、一得之功"的机会主义的商人。对一直坚持勤奋拼搏、热爱学习、不断自我超越的民营企业家来说，他们总能在商海风浪中不断拨正航

都跃良深入班组开展活动

向，驾驶自己的企业航船勇敢地驶向深蓝。都跃良就是善于学习的民营企业家中的一员。

在各个时期，都跃良都保持着学习的习惯，利用一切机会学习和积累文化、业务、管理等知识，不断地提升自我，先后成为浙江大学和上海交通大学的工商管理双硕士。担任企业掌舵人以后，他更深知管理者要想成为眼光长远的商业运作高手，必须持续学习。海不厌深才能广纳百川，既要在竞争和机遇中善谋、善算，还要在行业内"懂内容"（主动了解客户需求）、"懂技术"（知道怎么去做产品、做服务），只有远见卓识才能把握趋势，并最终成为善于控制成本和寻找商业机会的人。他在繁忙事务中抽出时间，已连续5年参加镇海区委区政府组织的总裁班学习，带着自己的问题与思考，走了许多世界名校和著名企业，向老师求教，向同学求教，在体学与应用中探寻解决疑难杂症的最优途径。不断地学习使得他对企业管理有了更深一步的理解，并以此为核心内容编写了《良石问路》一书（由上海交通大学出版社出版）。

都跃良从不漫无边际地纸上谈兵，而是一切从实践中来，又回到实践中去，一步一个脚印。一方面，他将自己在华为公司、西点军校、丰田汽车等国内外知名企业或院校访学所悟与自身企业发展相融合，提出"企业高质量发展的九个标志性成果"发展理念，并大力推进企业转型发展。另一方面，他积极参与社会活动，履行社会责任。他倡导设立了1000万元的慈善基金，对社会弱势群体进行帮助；他连续两届担任宁波市党代会代表，积极地为党和政府正确科学施政献计献策；他担任许多社会重要职务，如宁波市工商联（商会）副会长等，积极参与各种活动，为社会和谐发展做出贡献。他还担任浙工大宁波校友会执行会长及机械学会会长，为母校的校友事业积极工作。

站在"两个一百年"奋斗目标的历史交汇期，都跃良始终以管理和技术双轮驱动企业的可持续跨越式发展。石化建安在不断提高自身竞争能力的同时，既给客户带来了价值，更促进了公司平稳快速发展。2021年，公司实现经营收入超过25亿元，税收超过2.1亿元，不但继续保持行业的领军地位，而且在帮助地方稳定增长、促进创新、增加就业、改善民生、抢险救灾等方面发挥了重要作用。

执笔人：人文学院2021级新闻与传播专业　苏晓敏

指导老师：机械工程学院　李馨格

案例分析

大学毕业后，都跃良没有选择令人欣羡的外企工作，而是做出了一个极具挑战性的选择。入职石化建安十余载，他从一名普通的车间工人成长为企业掌舵人，始终不忘自己"打造行业领先受人尊重优秀企业"的初心使命。

躬身笃行、开拓创新。企业改制后，面对激烈竞争和极大机遇，都跃良明确把创新作为公司发展的第一动力。他以特色技术、环保高效和国际化为方向，一边以技术为先导抓创新，一边抓住机遇推转型，围绕相关领域石化设备及装置服务等方面推进技术研发和转型发展。这些举措不仅获得国内专家的高度认可，就连以挑剔出名的法国道达尔公司，在实地对石化建安进行审核后，其负责人也忍不住连连点头称赞。

贴心关爱、周到服务。作为带头人，都跃良十分重视队伍建设，始终把培育工匠精神、提升创新能力作为工作重点，建立了职工职业发展通道，着力提升职工精神上的归属感、工作上的成就感、生活上的幸福感。在他的推动下，企业逐步建设形成一支创新能力强、素质优良、结构合理、覆盖面广的科技人才队伍，综合竞争能力明显增强。

在都跃良的带领下，企业在不断提高自身竞争能力的同时，既给客户带来价值，又实现平稳快速发展，不但继续保持行业的领军地位，而且在支持地方建设等方面发挥了重要作用。

执笔人：人文学院 2021 级新闻与传播专业　苏晓敏
指导老师：机械工程学院　李馨格

何军强

创新创业理念

唯有志存高远，方能风行天下。

校友简介

　　何军强，男，1972年2月出生。1993年毕业于浙江工学院应用电子技术专业，获硕士学位。现任杭州鸿泉物联网技术股份有限公司董事长、总经理。

　　1993年6月—1993年10月，任杭州立体世界光电有限公司工程师。

　　1993年10月—1994年10月，任杭州尤尼泰克通信技术有限公司工程师。

　　1994年10月—1999年12月，历任浙江奥贝克通信设备有限公司研发部副经理、总经理助理。

　　1999年12月—2004年7月，创办杭州初灵信息技术有限公司并任总经理。

　　2004年12月—2011年7月，创办杭州网间信息技术有限公司并任执行董事、总经理。

　　2009年6月至今，创办杭州鸿泉物联网技术股份有限公司，历任执行董事、董事长、总经理。

感知时代风潮，把握车联网机遇

——记应用电子技术专业 1993 届校友　何军强

创业范例

2009 年，物联网属于新兴行业，"车联网"这个名词还未进入大众视野。何军强成了国内车联网领域最早吃螃蟹的人。一套商用车 G-BOS 智慧运营系统为行驶中的车辆装上了一颗"最强大脑"，使得商用汽车迈入智能化进程。他紧抓痛点，让智能渣土车管理系统在全国超过 15 个城市落地生根。

创业 10 年，杭州鸿泉物联网技术股份有限公司（简称鸿泉物联）"鱼跃龙门"登陆科创板，但何军强始终不变的是初心。"我没有什么其他爱好，就是想做好自己的企业。"

回首少年岁月

1993 年，刚刚大学毕业的何军强对自己的未来没有那么明确的目标。"社会发展太快，我觉得不可能现在就树立几十年以后的具体人生目标，"何军强坦言，"但是不管社会怎么变，有些基本逻辑是不会变的，就像底层代码一样，提高自己的专业水平和认知能力是经营人生的基础。"

如今的何军强已经不再是毕业时那个尚未把握人生方向的少年。毕业后，他先后在不同公司担任工程师、总经理等职位。1999 年 12 月，他创办了杭州初灵信息技术有限公司（简称初灵信息）。在不同公司的工作经历给何军强日后创立鸿泉物联提供了丰富的经验和人脉资源。何军强先后获得专利57项，荣获浙江省"万人计划"科技创业领军人才称号。其领导的鸿泉物联则是国内较早从事辅助驾驶研究的企业之一。

回首往日时光，何军强感谢浙工大使他受益良多，如在传授他专业知识的同时，提高他的动手能力。"浙工大丰富的实验室资源对学生友好开放，令我受益至今。"同时他还谈到，在浙工大收获的友谊也给他日后创业带来了很大的帮助。

在浙工大的学习经历带给了他诸多收获，然而何军强又补充道："在当今这个互联网时代，学校的围墙已仅仅是一道物理上的墙，获取知识的渠道早就不限于学校的区域，反而由于现行的教育体制所限，学校教育内容和实际应用之间是有比较大的脱节。学生需要多找渠道了解当前的实际情况，除了学习专业知识以外，更为重要的是借助外界的资源，帮助自己提高认知水平，明确自我定位。"

何军强始终坚信，唯有志存高远，才能风行天下。

把握时代风潮

"见出以知入，观往以知来"，时代的风潮一代又一代。对于创业者而言，最重要的就是敏锐感知时代风潮，把握住属于自己的机遇，迎风起飞。而对于这一切，没有敏锐的目光是无法做到的，落后于时代的创业者无法在竞争激烈的市场上占有优势。对此何军强认为，与其被动地等待时机的出现，不如自己主动出击，成为未来的潮流，引领未来的发展。

2009年，物联网正属于新兴行业，虽然恰好符合何军强的专业方向，但是这一行业的前景是无法预料的。"我们无法预测未来，苦心研读、总结历史也未必能推测未来，但我们可以时刻关注前沿的科技动态和新兴的商业逻辑，争取领先众人半步，起码跻身于潮流的第一阵营。"回忆起彼时，何军强总是怀着这般远志。凭借着这样的信念，在离开初灵信息后，何军强于2009年创办了鸿泉物联。这一次，他选择物联网作为创业方向，瞄准了物联网、大数据在汽车领域的应用。

后来的成功证明，何军强及其掌舵的鸿泉物联，可以说是时代风潮的引领者和见证者。

早在2009年，日本的VICS（道路交通信息通信系统）车机装载率就已达到90%。然而，在当时的中国，几乎还没有"车联网"的概念，甚至对于大部分人而言，物联网也还是一个陌生的名词。事实上，与国外车联网产业发展相比，我国的车联网技术直至 2009 年才刚刚起步，最初只能实现基本的导航、救援等功能。在这种情况下创业，资金、技术、人才问题都不是一句简单的创业梦想可以解决的。

在 2009 年这个极具意义的年份，何军强靠着自己的一腔热血和个人才智打开了鸿泉物联的发展局面，开创了属于他的奇迹。

他首先明确目标定位，瞄准了重卡（重型货车和半挂牵引车）。不同于家用车对油耗和服务相对小的需求，重卡的油耗和上路时间都决定了重卡对车联网更敏感。综合考虑之下，为重卡司机"降本增效"可谓是上乘之选，加之何军强独到而明智的"二次创业"逻辑、理性而明确的车联网之路认知，这条路注定越走越开阔，越走越明朗。

因此，虽然车联网只是新兴行业，但是凭借着时代风潮和个人魄力，在创业初期，何军强先是成功带领鸿泉物联拿下了两个大客户：陕西汽车控股集团有限公司（简称陕汽）和金龙联合汽车工业（苏州）有限公司（简称苏州金龙）。2010 年，鸿泉物联为陕汽开发了"天行健车联网服务系统"，为苏州金龙开发了"G-BOS 智慧运营系统"。这样的成功不仅给何军强带来了经济利益，而且增强了他对自己选择道路的坚定自信。

奋斗 5 年，鸿泉物联终于"造风"成功，成功在当时的市场上占领了属于自己的一席之地，并最终迎来了政策东风。2014 年 1 月交通运输部公布《道路运输车辆动态监督管理办法》，规定自 2014 年 7 月 1 日起，重型货车和半挂牵引车在出厂前应当安装符合标准的卫星定位装置，并接入全国道路货运车辆公共监管与服务平台。道路旅客运输业和道路危险货物运输企业监控平台应当接入全国重点营运车辆联网联控系统等。

从此，车联网的狂风彻底卷起，在时代浪潮与政策东风中，何军强和他的鸿泉物联终于迎来了崭新的未来。

克服前路万难

然而，创业方向的独特性决定了何军强的创业之路不会一帆风顺。

山以险峻成其巍峨，业以磨难成其伟大。真正创业时，遇到的困难远远不止一点。没有前人的经验指导，没有明确的未来方向，也没有太大的竞争对手，在当时走上"人烟稀少"的车联网之路的何军强深感孤独与迷茫。"财富是猫的尾巴，只要勇往直前，财富就会悄悄跟在后面。"何军强无所畏惧的创业干劲，成为他在这条路上踽踽独行、从未放弃的武器。

在创业理念方面，何军强可能是提出车联网这个概念的第一人。而这背后，其实也有着并不完全清晰的开始。在那时，他"还有很多没想明白的地方"。针对这一点，他在2017年全国商用车车联网创新发展大会上发表演讲时，勇敢地揭露了自己当年的"伪车联网"概念，他说是时代推动着概念成形，而伪车联网时代的结束后，必将迎来真车联网时代。

然而比起理念上的不够成熟，对于当时的他而言，更加严重的是在创业后股权的改变，对公司控制权的丧失。"当时最大的问题就是现金流，几次出现过现金流中断。对创业企业来说，现金流一旦中断，就意味着失败，当时几次都是靠平时积累的信用，依靠上下游的支持渡过难关。"

2009年创办鸿泉物联时，何军强持有86.66%的公司股份，是控股股东。然而情况在2015年9月急转直下，上市公司北京千方科技股份有限公司（简称千方科技）以自有资金投资，拿到了鸿泉物联55%的股份，成为控股股东。千方科技的这波操作实际上是上市后拓展自身业务的需要，打算直接"买"下鸿泉物联来充实自己的商用车车联网业务。这对何军强的创业之路毫无疑问有着巨大影响，毕竟鸿泉物联是他倾注了数年时光的创业目标。

好在一年后情况迅速发生了变化。2016年9月，千方科技又转让了部分股权，何军强的股份"失而复得"。在经过几轮增资后，何军强手持47.24%的公司股权，再次成为鸿泉物联的实际控制人。

在创业过程中，一个人要走的道路是孤独的。每个人都需要从低到高，走好人生的每一级台阶，选择未来的方向。在未来真正到来之前，谁也不知道自己选择的路是否正确。何军强亦是如此。不驰于空想，山海可蹈，时间最终给了他答案。

"如果有创业计划，我认为需要的品质有冷静、坚忍、狂热。"何军强说。这三个品质在他创业过程中体现得淋漓尽致。正是因为这样，冷静决策、坚定内心、狂热梦想的何军强，才能最终创立鸿泉物联，并将之发展成如今的规模，才能克服创业路上所遭遇的万般磨难。

拓宽产品领域

然而，仅仅有第一步的成功还不够。

当时，"降低交通运输成本"已成为鸿泉物联和何军强的使命。据了解，鸿泉物联"端"层面的车辆智能化、网联化设备以及"云"层面的大数据云平台，已经覆盖陕汽、苏州金龙等众多整车厂。在重卡车联网的道路上，鸿泉物联和何军强无疑已经取得了巨大的成功，然而，真的要止步于此吗？

答案是否定的。虽然在这样一个高门槛的行业，鸿泉物联的竞争对手并不多，但重卡市场的"天花板"也显而易见。如果安于现状，那么在完全覆盖重卡市场后，鸿泉物联又该走向何方？

何军强和鸿泉物联最终把目标放到了中轻卡（中轻型货车）上。巧合的是，2016 年，环境保护部下发《关于开展机动车和非道路移动机械环保信息公开工作的公告》，要求在中轻卡上安装智能网联汽车设备，对尾气排放情况进行监控。"你只管努力，其他的交给时间。"何军强和鸿泉物联的努力恰好应了这句话。得益于这项政策，鸿泉物联所在的市场规模一下子扩大了 3 倍。此外，随着环保力度持续加码，各地逐渐出台了渣土车整治政策，要求渣土运输车辆加装封闭裙边、转弯、倒车视频影像或雷达报警等安全装置，智能渣土车车联网方案也成为"刚需"。

除了政策要求，渣土车司机对车联网也存在需求。在天时地利人和之下，鸿泉物联的渣土车项目已经覆盖了全国 23 个城市，市场份额还在高速增长中。

借着政策的春风和公司原本的硬实力，在何军强的带领下，公司市场实现了多元化发展。

鸿泉物联的另一条业务主线则是"大热"的智能驾驶。汽车中应用的是最复杂的图像识别落地场景，鸿泉物联通过之前的车联网项目，已经积累了丰富的数据，可以更好地训练辅助驾驶模型。

受星软集团有限公司委托，何军强带领鸿泉物联开始开发水泥搅拌车高级辅助驾驶系统。此项目共募集资金不低于 5.82 亿元，其中 1.61 亿元被投入年产 15 万套辅助驾驶系统技术改造项目之中。

"汽车智能网联化是不需要政策推动的，这个市场具有自发推进的动力。"在何军强看来，汽车网联化、智能化的市场才刚刚开启，未来大有可为，鸿泉物联将在这一领域精耕细作、大展拳脚。商用车领域的智能驾驶是一座值得挖掘的富矿。而毫无疑问，作为对商机有着敏锐嗅觉的猎人，何军强会牢牢把握住这样的机会，在新的天地中有所作为。

在 2009 年就看到了"网联"发展趋势的何军强，创业 10 年，终于带领鸿泉物联"鱼跃龙门"，登陆科创板。但何军强始终不变的是初心："我没有什么其他爱好，就是想做好自己的企业。"谈及未来，何军强信心满满。"汽车智能化这个赛道刚刚开启，下一步我们将加快推进行驶记录仪和辅助驾驶系统项目。"

从对未来充满迷茫的毕业学子，到如今两次创业成功、先后获得 57 项专利及浙江省"万人计划"科技创业领军人才称号的优秀创业者，何军强向我们证明了"唯有志存高远，方能风行天下"。

回归反哺母校

何军强在将鸿泉物联发展壮大的同时，也从未忘记母校。近年来，浙江工业大学信息工程学院张文安教授团队对工程车主动安全中的多源信息融合技术展开攻关，自主研发了多款定位算法库和低成本高精度定位模组。而何军强所领导的鸿泉物联在了解张文安教授团队的这些实验室成果后，发现双方的研究方向和应用场景高度契合。经过对接，双方于 2021 年 8 月成立了浙工大–鸿泉物联车联网技术联合研究中心，签署了合同金额 1000 万的重大横向项目"工程车智能网联化的关键技术研发与应用"，双方将开展持续深入的研究，以期形成自主可控的低成本高精度定位模组并产品化。

此外，双方还共建了研究生实践基地，共同培养自动驾驶领域的高层次人才，共创本科生和研究生课程，指导、资助本科生智能车竞赛，形成了产学研全方位合作体系。

2021 年，浙江工业大学信息学院再度牵手鸿泉物联设立"浙江工业大学鸿泉智能汽车创新基金"，专门支持学校在智能汽车竞赛上的发展。在这项基金的资助下，2022 年，我校智能车队在全国大学生智能汽车竞赛荣获 7 金 2 银，为学校参赛历史上的最好成绩。此外，信息学院和鸿泉物联签订了 1000 万元重大横向项目，标志着双方的合作进一步深化。何军强还参加了"智联万物 数智未来"校友数知产业联盟论坛，结合研究领域的前沿动态和研究成果发表主旨报告，向学生们分享最前沿技术、尖端科技和产业发展动态。鸿泉物联还与信息学院合作设立"鸿泉专硕班"，联合培养专业基础扎实、实践动手能力强的硕士研究生，鸿泉物联为学生安排一对一的企业导师，学生在鸿泉物联进行 1 ~ 2 年的学习研究。

成功若此，何军强对学生生活也有遗憾："当时，我的时间分配不够合理，应该多培养自己的长板，减少补短板的时间。没有必要追求各科成绩平衡或者综合排名，应该把绝大部分时间都用来培养专业水平和处理问题的能力。"

因此，对于浙工大的学弟学妹们，何军强建议："在校期间，充分利用学校资源，打好坚实的专业基础，这是一生中最宝贵的可以不受干扰的学习阶段，以后再也不会有像这样除了学习没有其他压力的人生阶段了。另外，多思考自己以后想干什么，所有的时间都应该围绕这个人生目标展开。不要浪费每一分每一秒时间。"

针对创业，他也一针见血地指出："不要为了创业而创业。要不要创业，取决于是不是真的想清楚了。有很多失败的案例，主要还是因为在启动以前没想明白，没有具备基本条件，就开始跟风创业。"

何军强的成功，对于浙工大的后辈有着极大的借鉴意义。在他的创业经历中，我们可以看到对时代风潮的精准把握、对自己前进方向的坚定不移、对开拓创新的勇敢尝试。这些都是值得我们学习的。他对大学生的建议为：比起终日好高骛远，追求遥不可及的目标，或者跟随大流试图创业，不如脚踏实地。正如李大钊所言，凡事都要脚踏实地去做，不驰于空想，不骛于虚声，而唯以求真的态度做踏实的工夫。以此态度求学，则真理可明；以此态度做事，则功业可就。

最后，何军强对浙工大的学弟学妹们表达了最衷心的祝福："衷心祝愿所有学弟学妹在踏上社会以后能从容面对各种挑战，在历经风雨后纯真依旧。借一句古诗与各位学弟学妹共勉：万里归来颜愈少。唯有志存高远，方能风行天下。"

执笔人：信息工程学院 2021 级通信工程专业　任嘉楠
指导老师：信息工程学院　仲国民

案例分析

何军强的创业之旅是一段充满挑战、勇于突破的旅程。在第一次创业成功后，何军强并没有安于现状，而是勇于突破自己，在新的时代中敏锐地感知到了时代风潮，站在时代的风口上起飞。从对未来没有明确方向的大学生到创业者，从一个成功的创业者到另一个更加成功的创业者，何军强始终坚守着初心，一直坚定地走在自己认定的路上。

把握时代风潮。这是何军强成功的第一步。在适应了市场突如其来的巨大需求之后，鸿泉物联正式踏入正轨，而之后的政策颁布，更为其成功带来了功不可没的一笔。没有敏锐的洞察与坚定的决策，就无法达到这样的目标。

克服所有磨难。在创业过程中，尤其是车联网这样的新兴产业创业，会面对许许多多无法想象的磨难。资金问题、科研短板、人才稀缺、市场尚未打开，这些可能成为创业路上潜在的隐患。这样的磨难却没有吓退何军强。经历了股权变更、市场改变的鸿泉物联，在何军强的带领下仍然坚定不移往前走，最终才成就了现在这个人才济济的公司。

创新市场领域。在公司逐渐稳定，有了固定的市场之后，何军强并没有安于现状，在自己的舒适区不思进取，而是放宽眼界，将目标放在了更宽广的其他领域。这为鸿泉物联在市场上赢得了更大的领域。是何军强的雄心壮志让他没有原地踏步，他选择开拓一片新的天地。这在为鸿泉物联提供更宽广的市场的同时，也提供了更长的寿命。

在创业的路上，何军强始终心怀梦想，为着自己的梦想一直坚持不懈地努力着。何军强从未陶醉于已取得的成绩，而是在谨慎规划中大胆突破、不断超越，始终保持着冷静、坚忍、狂热。面对股权变更，何军强没有选择逃避，而是始终坚持对鸿泉物联的掌控，冷静地等待时机的转变；面对市场的变化、资金的短缺，何军强没有选择放弃，而是利用自己曾经工作与创业经历中积攒下的人脉，坚韧不拔地将梦想坚持到了最后一刻，并迎来了改变；面对时代的风潮，何军强没有选择安于一隅，而是狂热地追求自己的梦想，向封闭不变的世俗发起冲击。

怀抱着这样的创业精神，何军强在属于他自己的创业之路上注定能够越走越远。在幸运地遇到了政策春风后，是何军强的敏锐意识、坚韧意志支持着他带领鸿泉物联走到今天，二者不可缺其一。这样"理想情怀＋勇敢决策＋创新精神＋勃勃野心"，才是成功创新的不竭动力和有力保障。

执笔人：信息工程学院 2020 级电气工程及自动化专业　刘诗雅

指导老师：信息工程学院　倪　彬

王天扬

创新创业理念

创业是一件非常艰苦的事。创业绝对不可能一次成功，必然会经历失败。

校友简介

　　王天扬，男。1993 年毕业于浙江工学院工业电气自动化专业；1996 年获浙江大学应用数学硕士学位；2005年获中欧国际工商学院 EMBA。现任上海易路软件有限公司董事长、CEO。

　　2015 年带领团队推出以薪酬管理为核心的一站式人力资源云平台"People+"；2019 年带领团队推出"易个税"创新产品；同年，将薪酬产品升级至 2.0 版本，实现事件驱动下的实时薪酬预测和核算；2020 年 1 月带领公司完成 C2 轮融资。

　　2015 年获聘上海对外经贸大学商业大数据研究中心研究员；2018 年获 2018 中国人力资源科技影响力 TOP人物等荣誉。

从巨人的肩膀上腾跃闯世界

——记工业电气自动化专业1993届校友　王天扬

创业范例

　　价值、责任、共赢——王天扬身上汇集着新一代资源科技创业者最为重要的特质。在他的带领下，上海易路软件有限公司（简称易路公司）从2014年刚被收购时18人的小公司发展到了如今服务20多个国家和地区、超过200万名企业员工的亚太地区知名企业。

　　他如何开启如此波澜壮阔的创业之旅？

始于巨人之肩

　　1993年6月，在杭城古运河边炽热的夏风中，王天扬顺利完成本科学业，于浙江工学院工业电气自动化专业毕业。之后，王天扬凭借卓越的成绩被浙江大学应用数学专业录取为研究生，走上了继续深造的求学之路。硕士毕业不久，王天扬成功入职有中国外企"黄埔军校"之称的宝洁公司。"其实之后我有个博士的录取资格，"王天扬介绍，"研究生导师希望我能在数学专业继续深造，他把我推荐给了日本广岛大学的一位教授。"于是，在导师的建议下，王天扬毅然赴日进修。1年后，结束了海外求学之旅的王天扬带着一腔热血回到国内，准备在软件信息领域大展宏图。

得益于前期在宝洁公司的相关工作经验，王天扬成功入职全球第三大独立软件供应商SAP公司，这一待就是13年。在基本尝试过SAP所有岗位的工作后，王天扬不断总结经验、洞察秋毫，于2006年晋升为SAP公司全球副总裁，分管全球SaaS云计算的研发和面向全球的服务。

在许多人眼中，此时的王天扬毫无疑问已经成为功成名就的典范，但对于王天扬来说，他的人生之路才刚刚开始。"我是站在巨人的肩膀上看世界的。SAP作为一家全球最大的企业应用软件公司，也是全球最早做企业服务的公司，积累了非常多的经验和教训。从这个角度说，我在里面学到了很多东西，无论是产品架构设计，还是业务模式。"王天扬作为SAP公司全球副总裁之一，此时的职业生涯已经遇到了天花板。对于王天扬而言，在原地驻足绝不是他想要的最后结果。出于个人追梦

王天扬与加盟合伙人缪青

的想法，加之创业初心使然，他在 2012 年做出了离开 SAP 的选择。

　　凭借着自己多年的从业经验以及对互联网行业的准确判断，王天扬于 2014 年开始了自己的漫漫创业路。

　　这一年，中国的移动互联网行业开始迅速发展，王天扬团队当机立断，决定围绕移动互联网来为企业做一些服务。因为在上海成立新公司注册核名难度高，又迫于当时业务需要，所以王天扬就带着团队买下了上海易路软件有限公司。"易路（eRoad）这个公司的名字特别好，即数字化之路。"王天扬说。

　　创业之路从来不是一帆风顺的坦途，对王天扬来说也是如此。由于开始时创新要求过高——以 ERP 的 SaaS 为目标，公司很快就出现了资金问题。对此，王天扬还常常开玩笑说："在创业之前我有 7 套房子，现在就剩 3 套房子了，因为每次公司没钱的时候就必须卖套房子，用以继续投入。"正所谓无米难为炊，资金问题始终是困扰处于创业初期的创业者的老大难问题，在创业赛道施展拳脚的王天扬也不例外。好在经过一系列有效分析，王天扬找出了问题所在："创业最初，想法很多，什么都想做。比如，公司在 2015 年拿到了天使轮 1000 万元的投资，就想去做更多东西……因为之前在 SAP 的时候，平台很大，背后的资源基本是无限的。你想做事情，只要有一个很好的想法，基本能调动各种资源做成，后面有品牌有支持。"全新赛道平台和资源的限制使得王天扬不能像之前那样放开手脚去实现各种好想法，于是王天扬另辟蹊径，开始寻找对应的解决方法。

　　"创业其实就是一个不断聚焦的过程。"王天扬剖析："创业的时候，只能把有限的资源放在一件事情上，聚焦在一件事情上。"在机缘巧合之下，王天扬带领公司从企业 ERP SaaS 走到了人力资源这个方向，并开始专注深耕薪酬领域。当然，易路公司也并非在一开始便聚焦于薪酬领域，而是经过不断试错总结，在千万次深思熟虑后才敲定的未来路径。"从 ERP 到 HR 后，我们拿了将近 4000 万元的投资，这时就又想扩张，但后来折腾到了绝境，于是终于聚焦到了薪酬领域。每次都是一个自我迭代的过程，在整个过程中不停地聚焦。"正是在扩张—聚焦这二律背反之中，易路公司不断集中、不断专业化，终于走出了自己的道路。在坚定的选择下，易路公司的产品基本成为全中国甚至全亚太范围内最具有竞争力的薪酬管理产品。

　　在商业模式上，SaaS 注重产品品质与用户长期体验，通过提升产品品质来提升用户黏性，将本来一次性投入的软件费用变成分年支付，进而实现长期盈利。"我们的产品因为流程设计得很好，所以客户用了以后会一直用。我们的LTV（用户终身价值）相较于CAC（客户获取成本）几乎是无穷大。模型做得好，公司就有希望永远活下去，而且会越来越好。"

随后，王天扬简单地解释了这一模型的盈利模式："比如今年公司的SaaS收入是1亿元，从明年年初开始，同样的一群人再去做1亿元，很自然不用花太大力气就能翻一倍，那么到明年年底就有2亿元；后年就可以去冲4亿元，因为有2亿元的基本盘在。所以它是一个滚雪球的模型，是会越滚越大的，这也是资本方对易路公司感兴趣的一个原因。这是个非常非常好的模式，很少有业务能够永续下去，当然这还是要基于整个社会的商业环境。"

经过2年的运营，易路公司优秀的商业模型逐渐完善。即使SaaS在前期无法实现盈利，但在这一阶段留存的客户到后期便成为强大助力。只要客户不流失，去除阿里云服务器的成本之后就是净利润，如此一来，实现盈利的压力便陡然减小了。"所以从整个SaaS的模型来看，这基本上是一个黄金模型。我们是做中大型客户，获客成本不高，但客单价很高。"王天扬总结道。

从2015年开始，易路公司每年拿一到两轮的融资，合作对象不乏中大型企业与行业标杆。易路公司的规模虽然不大，却以独特的"小体量"获得了整个资本市场的认可。

行动为马，传递梦想

"其实每位创始人都会有自己的梦想，很多人在走向梦想的那条路上会碰到挫折，不一定挺得过去。"王天扬认为这是许多创始人和创业公司在发展过程中的写照，无法通过实际行动吸引员工使其相信"梦想"。那么处于创业之路起点的易路公司是如何解决这个问题的呢？从公司文化打造角度来看，有一件事是必要的：把一个梦想在公司起步的时候传递给团队，让团队一起相信这件事情。

易路公司成立之初在人才招聘方面就遇到了这个问题。那时，公司规模小，知名度低，几乎没有人才愿意加入。王天扬便以公司股权为激励，将公司与员工个人的发展相关联，给予同从SAP公司出来的两位同事10%的股份、第一位加入的程序员 5% 的股份。"那时候大家会觉得易路公司就是一个 50 万元注册资本的公司，随便在外面打个工，一个月就可能赚得到那 10% 的股份。但是我还是愿意将它们拿出来给那些我想吸引进来的人。"

不仅如此，易路公司是创业公司中十分少见的，在上市之前就允许员工出售股份套现的公司。在股权激励以及允许提前股权套现的鼓舞下，员工找到了归属感，明白了公司处于快速发展阶段，明白了当前最值钱的就是自己手中的股份，明白了公司长期的理想。一人复一人，信念在员工之间扎根入土，为公司长远发展筑牢了根基。从股权激励和文化建设上来看，这是一个长期的过程，公司必须坚持日复一日地践行。

以身作则，合作共赢

在王天扬看来，易路公司能走到今天，最重要的公司核心价值观就是六个字：价值、责任、共赢。

公司的发展离不开团队合作，但创立之初受限于公司规模，总是找不到合适的人选。通过校招入职的第一批人中，程序员大多来自职业学校，研发总监来自程序员培训学校，时常有员工埋怨自己的同事水平和能力欠缺。面对团队内部出现的裂隙，作为创始人的王天扬，在日常工作中给核心团队灌输信念，规范自己行为。"我常说，你不要去埋怨你身边的人水平低、能力差。在创业公司里，你唯一有的就是手上的这手牌。拿到的这手牌是先天注定的，没什么好埋怨和指责的。在没有办法去改变的情况下，你应该考虑的是怎么才能打好这手牌，尽可能去鼓励你身边的每一个人。"他认为，无论是创始人抑或是高级管理者，都必须言传身教。领导者的行为能够直接影响周围所有人，这更多体现的是一种人和人之间的感召和吸引，只有合作，才能让每个人都获益，实现公司内部的共赢。

共赢的理念不仅存在于公司内部，还存在于公司与客户之间。"整个创业经营的过程当中，大家要抱着共赢的心态，包括我们跟客户之间也要共赢。这其实是一个理念问题。"正是这种合作共赢的理念，使得易路公司获得了较高的客户留存率，也成为业务开展的重要基础。

谈及目前越来越急躁不安的市场氛围时，王天扬表示了自己的不满与批判：

"很多生意人会把客户当傻子，赚到快钱就跑路了。而我们团队定下来很多原则，比如公司是不会去赚快钱的。我们并不会因为这个客户有钱，我们卖给他一个高价。或者是因为这个客户有钱，我们卖给他不需要的东西。"这种通过负责任的态度和条件过硬的产品与客户达成长期合作的方式在互联网行业中难得一见，相信这也是易路公司能不断发展并获得市场认可的重要原因。

王天扬将上述种种成功归纳为"两个坚持"。

第一，坚持自己选择的道路。在他看来，人力资源领域的市场赛道足够宽、足够长、足够厚，完全能够支持公司不断发展。"易路公司服务的中大型客户到今天也就300家不到。而中国能够用我们这个产品和服务的，至少有二三十万家。可见我们在这个市场的份额还很小很小，没有必要去做别的一些事。"不追求大而全，坚持有所为有所不为。正是因为此，易路公司才能在人力资源薪酬管理这个专业领域里做到最好，这也是易路公司和其他的公司有所区别的地方。

第二，坚持客户价值是检验产品成功的唯一标准。这也是易路公司成立至今不

王天扬出席活动发言

断再融资的原因——要让客户成功，需要投入更多的资金。站在客户的位置为客户思考问题，设身处地体会客户的困难，这是企业对客户的责任，也是企业对社会的责任。"比如 2020 年，由于新冠疫情，一家中国最大的电影院连锁企业整个上半年没有一分钱收入。他们集团执委会的一个成员特意来我们公司与我们商量，易路公司的系统能不能不停，系统使用费晚一些时间给。因为我们公司的现金流还较充裕，那就帮着客户一起渡过难关，共同成长。不少客户在疫情期间也有类似情况，当时我们的经营状况受到了影响，但我们有社会责任。"

以薪为核，管理万人

王天扬认为，求职者日常讨论的"薪酬"就是人力资源的核心。只要存在雇佣关系，就会存在薪酬。以薪酬为核心，才衍生出我们如今熟悉的社保、福利、税收各项制度。以前，许多中国企业在薪资方面做得不太合规。"比如，以前企业工资发 20000 元，但社保按最低基数缴，因为他们觉得这种不合规的行为会挤压出企业的利润来。即使现在，也有部分企业做得不合规范。一些企业如果老老实实给员工交社保，就会亏损，只有通过逃社保逃税，才能够实现盈利。但这种企业迟早要死掉的，还是要回归到业务本身。"根据市场情况，易路公司将薪酬和薪酬的衍生产品放在一起作为一个完整的解决方案，在合规体系内规划设计，做到整体优化。每个企业的诉求不同，满足这些诉求有很多种方法，分发现金绝不是唯一的选择。比如说给予长期的股权激励，反而能够降低企业成本。这样做不仅能多样化满足个人需求，让社会了解企业的人力成本，还能促进国家可持续发展，实现个人、企业、社会、国家的多方共赢。

同时，以薪为核并不意味着在扩展薪酬之外的领域，社保、福利、税收等就是与其他相关公司合作。"易路公司以薪酬这个源头为出发点，这是我们的定位。我们帮助企业做得更好，然后将大家整合起来。我们有各种各样的合作伙伴，我们与客户之间也是有连接的，我们在做一个生态系统。比如有一些客户不定期会有产品做内购计划，就可以放到我们的平台上来秒杀。"通过构建以薪资为核心技术的生态圈，进行多方面的合作，最终实现产品的百花齐放。

踔厉奋进，勇于尝试

"我觉得创业是一件非常艰苦的事，王兴讲过创业九死一生。如果你选择创业这条路，一定要做好创业绝对不可能一次成功的打算，必然会有失败的过程。"这是王天扬对自己早期艰难创业经历的一个总结。"创业的整个过程需要不停地试错、思索和验证。创业一定要做好强大的心理和其他所有的准备，在目前的形势下，我不建议大家去创业。如果能够找一个很好的职业，只要方向没有问题，就可以选择去做。"

在王天扬看来，影响创业成功的因素主要有两个。

一是对市场规模的判断，就是创业者必须要有基本逻辑以及对市场和行业的洞察力。王天扬分享了易路公司在创立之初天使投资人前来洽谈时所说的判断和观点。"我们看重你做的这件事的市场空间够不够大。中国多的就是人，所以人力资源的市场一定在。今天的市场多大并不意味着未来的市场多大，目前，中国的薪酬市场其实很小，但这并不意味着中国没有薪酬市场，只是说时间还没到而已。"结合投资人的观点，王天扬更加坚定了自己的判断——中国的薪酬市场前景广阔、潜力巨大。最后的结果证明了他的判断完全正确，时至今日，中国的薪酬市场依然在不断发展扩大。

二是创业者是否曾在相关行业内成功过，是否曾有不错的业绩，是否拥有可以提供帮助的人脉背景等资源。王天扬认为成功的经历是可以借鉴学习的。创业者若是曾经成功过，那么结合之前的经验与经历，下次创业也可能成功。正如雷军加盟金山软件的经历为其日后创立小米提供了经验一样，王天扬认为自己之前在宝洁和SAP的工作经历很大程度上帮助自己更好地应对和解决创业过程中的许多困难。"你只要成功过，就能为这次创业增加成功的砝码。不然，即使有好的想法，但到真正落地的时候，就会很难，会遇到各种各样预料不到的困难。就算运气好，比如说ofo，可以讲个故事让大家相信了，也做到了一定规模，但有一天就突然轰然倒塌了。"

"所以我给学弟学妹们的一个建议是看清楚你要去做的这个市场是否有前途、自己是否有这方面的经验。我们常常说一万小时定律，你要对你从事的行业有足够的了解，才能少走弯路，绝不是天资聪颖、愿意拼、有能力就可以。"

最后，王天扬给在校的浙工大学子们提出了一个小建议："校园生活是一段最快乐的时光。但是你一定要多去涉猎，多去做一些可能与自己的学业并没有特别大关系的事。"

执笔人：信息工程学院 2021 级通信工程专业　徐陈锞

指导老师：信息工程学院　仲国民

案例分析

　　"始于巨人之肩"——用这六个字形容王天扬的创业之路最为恰当。无论是本科毕业于浙江工学院工业电气自动化专业，获得浙江大学应用数学专业硕士学位，远赴日本深造留学；还是入职宝洁，担任 SAP 全球副总裁，从王天扬的学习经历还有工作经历看，他绝对是万里挑一的佼佼者。起点的高度决定了平台的高度，平台的高度决定了视野的广度。从敲开宝洁这个"外企黄埔"的大门，到回国后入职 SAP，在 SAP 从事全球云计算工作时，王天扬明白了信息化和大数据将在未来成为各行各业的重要基石，为日后率先将信息化大数据与人力管理相结合做了准备。从进入大学开始，王天扬便成为一个攀登者，一步一个脚印向上攀登，最终到达了如今的高度。

　　同时，对市场的判断、不同常人的勇气与魄力也起了重要作用。前者帮助王天扬发现一条与众不同的商业赛道——人力资源领域的薪酬市场潜力巨大。后者则让他在进退维谷时走出了决定性的一步。正因如此，已过不惑之年的王天扬毅然辞去在 SAP 的职位，投身创业热潮，面对资金短缺等种种困难时依然能坚持自己的选择。王天扬的成功是偶然中的必然。

　　从企业文化打造的角度来看，易路公司也有独特的成功点。"2014 年，我把公司买了下来，那年年底，公司有 18 个人。当时，我给大家买了零食，还给他们每个人写了封信。我把零食礼包和信交给每一个员工，我说'零食你们吃掉，信好好留着，或许未来哪一天这封信会进博物馆。'"王天扬平易近人，对每个员工认真负责，拥有独特的亲和力。这样良好的氛围是工作的润滑剂，能减少、消弭创业者与团队之间的隔阂，使得整个企业的运行更加流畅稳定。

创业者如何能把梦想传递给自己的团队，让自己的团队相信这件事情，也是十分重要的。正如通用电话电子公司董事长查尔斯·李所说："最好的CEO是构建他们的团队来达成梦想，即便是迈克尔·乔丹也需要队友来一起打比赛。"团队的构建是一件十分重要的事。如今吐槽自己企业文化的人不计其数，而他们大都有一个共同点——反感公司空谈企业文化。空谈理想却不落到实处，最终使团队怨声载道。许多优秀的企业都有自己独特的方法稳定"军心"。比如，华为全员持股的虚拟股权制度将员工的前途与公司情况挂钩，以此实现激励员工的目的。易路公司在创立之初也采用股权激励机制，给予员工真正的股权，并允许其在上市前出售套现。正是因为拥有了自己决定去留的决策权，团队成员才真正心甘情愿留下，更努力地工作，伴随公司一起发展。任何优秀的企业背后都有优秀的团队。对于创建巩固自己的团队，王天扬的方法很有借鉴价值。

最后，要换位思考，站在用户的角度思考问题，深度发掘用户需求。就如最成功的产品应该培养用户的习惯，易路公司在帮用户实现企业价值的同时，还设身处地充分考虑用户的困难，并给予帮助。王天扬认为这点十分重要，不论是作为创业者还是作为在职员工，都要坚持满足用户的价值是检验产品成功的唯一标准的理念。

追求梦想，合作共赢，王天扬和他的团队在追求梦想的道路上始终如一，不忘初心。正是这份坚持，使他从中获取了成功的力量。

执笔人：信息工程学院 2021 级通信工程专业　沈丞琦

指导老师：信息工程学院　倪　彬

吕越斌

创新创业理念

找准自己的定位，做擅长的事。

    吕越斌，1973 年 3 月出生，浙江新昌人。1995 年毕业于浙江工业大学机械制造工艺与设备专业。现任杭州热威电热科技股份有限公司总裁。

    1995 年，进入杭州河合电器股份有限公司工作，历任设计一室主任、品管部经理、制造厂长、技术部经理、研发部经理。

    2002 年，创办杭州热威机电有限公司，任总经理。之后创办江山热威电热科技有限公司。

    2014 年，创办安吉热威电热科技有限公司。

    2017 年，创办杭州热威医疗有限公司。

    2018 年，创办热威电热科技（泰国）有限公司。

    2021 年，创办杭州热威汽车零部件有限公司。

    2022 年，创办杭州热威洁净技术有限公司。

永远走在探索星辰大海的征途上

——记机械制造工艺与设备专业 1995 届校友　吕越斌

创业范例

多付出，才会有被看见的可能

大学毕业后，初入职场的吕越斌被安排在技术部，其中前 6 个月，每天都有半天在车间实习。从小干农活的经历，练就了他不怕吃苦的意志品质。在实习期间，他干活从不偷懒，与其他操作工比产量、比质量，很快便赢得同事们的赞誉，同时被公司管理层关注到。这段实操经历给予了他熟悉生产工序与生产环节的宝贵机会，为后来的管理工作打下了扎实的基础。

在技术部做产品设计时，又快又好的机械制图、扎实的机械专业知识和生产实际相结合的设计方案使吕越斌再次赢得了分管领导的青睐，不到 2 年，便被提拔为设计一室的主任。吕越斌坦言："不要期待领导主动关注你，只要你付出比别人更多的努力，一定会被关注到。"

没有做不到，只有努力不够

"别人可以说做不好了，作为负责人不能说没办法了。"这是吕越斌在职业生涯中收获的第一句座右铭，也是后来他把企业核心价值观的其中一条定为"没有做不到，只有努力不够"的原因。

担任技术负责人没多久，吕越斌便遇到了产品电解抛光的质量问题。尽管当时外聘了一位正高级工程师进行指导，但是试验了很久的问题始终没能得到解决。于是，他只好向公司报告，但公司领导给吕越斌的答复令他终生难忘："别人可以说做不好了，你作为负责人不能说没办法了。"因为这句话，凭着一股不认输的劲儿，吕越斌查阅资料、请教他人、找外面的科研机构分析，尽我所能地找出症结。他回忆道："由于产品等着交付，最后几天我几乎没合眼，在现场一次次试验，终于解决了问题，顺利完成交付。"

也因为这句话，后来公司试制产品没有相应的油压机时，他想尽办法联系到杭州重机厂借用设备；为解决焊接问题，他找到浙工大机电学院姚建华老师咨询。由于出色的工作表现，吕越斌很快被调到品管部任经理，不久后又升为公司制造厂长。那年，他仅仅27岁，在当时算是非常年轻的管理干部。

挫折后，再重新开始

吕越斌的职业之路并不是一片坦途，在担任制造厂长9个多月后，公司慢慢出现了交付和产品质量问题。"没多久，我就被免去厂长职务，重新回到技术部。这时的心情糟糕透了，我准备辞职。"回忆起那段灰暗的时光，吕越斌仍心有余悸。但在领导的疏导下，他在冷静思考后认为这个行业是符合他自身的爱好和特长的。

"反思过后，我明白了自己年轻、缺少实践，管理时比较理想化，并没有领悟其中的要领。自己的整个管理过程缺少系统知识的指导，管理方法不能与行业特性、产品特性、客户诉求和员工素质相结合。"于是，吕越斌决定振作起来，重新开始，继续努力。他说："不要因一时的挫折而轻易放弃或者改变，挫折后的重新开始会让你做得更好。"

抓住机遇，敢于投入

2002年，杭州热威机电有限公司（杭州热威电热科技股份有限公司的前身，简称热威股份）成立。"由于不能做原公司同客户的同类型产品，我需要不断开发客户、开发产品。"吕越斌一开始是决定做电加热锅炉的，但后来由于特种行业取证难，公司陆续改做家电配套用线束、电阻丝加热器、管件、家用垃圾处理机加热器等。"每开发一个新品，我都会去了解相关的技术、工艺、设备、模具、材料与零件。"遇到挫折时，他便会不断激励自己"不能说做不好，不能说没方法"。

家用垃圾处理机加热器是日本松下在中国投产的垃圾处理机的核心零部件。加热器中的不锈钢管件由于弯曲半径小，在日本也仅有一家工厂能做。由于其中的焊接部分结构复杂、焊点多，松下的原计划是从日本进口加热器，因为他们认为中国供应商尚未有能力提供。

"客户对我们不抱希望，只是抱着尝试一下的心态给了我们一个开发机会，但不支付开发费用。"吕越斌成立了特别开发小组，团队自己设计制作弯管机和模具，试验弯管工艺，在两个月内成功做出了样件，并且弯曲部分的变形量比日本进口的还小。"焊接部分在生产时遇到很大困难，一次直通率只有40%多，大家放弃休息日，不断调整零件结构与精度，修改工装夹具，摸索炉中焊的工艺。"最终，吕越斌和同事们只用了一个多月就把一次直通率提高到了95%以上。产品开发的成功超出了客户的期望，公司因此获得了客户的信赖。

产品开发成功也带来了丰厚的回报，一套完整的加热器有120元的利润，一年

日本企业家代表团来热威股份交流

近7万套订单带来了公司成立后的第一桶金。一个个产品的成功，得益于之前积累的技术基础、养成的做事习惯与毅力。吕越斌想跟学弟学妹们分享的是：新品开发充满了挑战与机会，看准机会要敢于投入，并以最快的速度完成。

加强日常监督，保证企业不变色

2004年，吕越斌在浙江江山设立了一个工厂，主要做铸造类产品。该工厂起初仅一个车间的规模，而且由于工厂离杭州较远，交通不便，没有管理人员愿意去。当地的工人也不习惯公司的管理，所以工人与管理者时常发生冲突，经过几年的磨合才慢慢稳定。由于缺乏对外地子公司的管理经验，未能及时建立起一套管理体系，日常缺少培训、缺少监督检查、缺少约束，该工厂负责人开始放松对自己的管理，一些做法慢慢偏离公司倡导的企业文化。2008年，新厂房建设完工，规模扩大不少，但在老厂往新厂的搬迁过程中出现了一系列交付问题、品质问题，原先的管理者已不能胜任。吕越斌坦言："这时必须要换人，再难也要换人，这是一段很艰难的历程。"有了江山设厂的这段经历后，吕越斌在日后的企业决策中变得更加谨

吕越斌进行企业文化宣讲

慎。"选好负责人是关键，加强日常的监督检查才能保证企业不变色。"

警惕过度乐观，树立底线思维

多品种、多规格的零配件企业需要靠一点点积累客户，慢慢形成规模。"2008年金融危机暴发时，公司的客户并不多，单一客户的产品占销售的比例比较高，突然的订单减少给企业造成了经营困难。"谈到金融危机，吕越斌表示当时企业正处于发展上升期，许多预估都过于乐观，一些部门的设置和人员配备都略有超前。"遇到突变的情况，压缩开支和减少人员成了一件痛苦但必须做的事。"初创公司一定不要因为一时的业绩而过度乐观，要有底线思维，是吕越斌亲身体会后得到的深刻教训。

建立企业文化，以愿景和目标指引企业发展

2015年，热威股份开始编制2016—2025年的十年规划，制定了2025年"成为国际电热行业标杆"的愿景，确定了公司的使命和核心价值观，然后根据十年规划制定年度计划与三年规划。这几年，虽然受到中美贸易战、新冠疫情的影响，但公司业绩实现了快速增长，2021年营业收入达18亿元，可以预见将提前实现2025年营业收入达20亿元的目标。

根据十年规划，热威股份不断推进新产品的开发，为公司营收增长和后续发展储备了新动能。新产品开发从项目筛选、评估到立项形成了一套完整的机制。其间，热威股份还成立了研究所，重点进行材料与工艺的研究和前瞻产品的预研。成果之一便是成功研发了新能源车电池包和乘用舱加热用厚膜加热器。2021年，随着它们的成功量产，杭州热威汽车零部件有限公司（简称热威汽零）成立，开始独立发展汽车领域的业务。此外，为面向国际化，2018年成立热威电热科技（泰国）有限公司，为更好开拓东南亚与印度市场提供了支撑，同时也稳住了美国市场的业务。对此，吕越斌表示："日趋成熟的统筹规划是通过企业文化达到的。当公司发展到一定规模，一定要让愿景和目标来牵引企业发展。"

成功或失败，从内部找原因

在计划开拓海外市场时，吕越斌分别对中欧、东欧、东南亚和土耳其、印度等地的市场进行了考察，经过充分的市场调研之后，决定把第一个海外工厂设在泰国。"现在看来，这个选择非常正确。"

起初，他们是租厂房，在经过一段时间的运营之后，2020年，吕越斌决定购买土地建工厂，2021年6月已搬进新工厂。从2018年12月设厂到2021年开始盈利，整个过程都比较顺利。即使在新冠疫情期间，经过管理团队的调整，企业也逐步步入正轨，效益逐步体现。"其中有很多可以总结的经验，为再建海外工厂积累了经验。"如果遇到失败，吕越斌不那么喜欢去分析外部原因，在他看来，那可能存在"找借口"的嫌疑，他更愿意相信影响成功与失败的不仅是外部环境，也需要时时从企业内部找原因。

确立新赛道，强化新发展理念

热威汽零的成立标志着一个全新赛道开启，也标志着下一个十年战略规划开始布局，今后热威股份发展的手段将更加多样化。

2021年6月，热威股份与浙江工业大学化学工程学院达成专利转让协议，合同金额达1000多万元。通过专利技术的转让，公司和浙工大老师合资成立杭州热威洁净技术有限公司（简称热威洁净），利用浙工大老师的专业知识和热威股份经验丰富的产业化能力，形成优势互补。热威股份朴实的企业文化和工作氛围，使得双方合作愉快且高效，产品开发进程有序推进。热威洁净作为热威股份成立以来的第一家合资公司，符合企业发展的要求，符合创新发展的要求。

建立标准示范线，大幅提高自动化程度

热威股份的分类制造改革为自动化改造提供了可能，但员工们依旧对自动化改造的可行性持怀疑态度。"关键是人，如果信心没有建立起来，行动一定失败。"这是吕越斌的改革心得。

于是，他将原来大面积实施自动化的方法改为建示范线的方式，通过示范线的建立，让大家看到效果，看到可行性，从而建立信心。他给示范线取了崭新的名字——SIQI线，S代表达到5S+标准，I代表仪器工程，Q代表质量，I代表信息化。通过建立四个维度的评价标准，指明技改的方向。"各工厂建了第一条示范线，效果超出想象，大家脸上都是满满的成就感。信心建立起来了，驱动力就有了，大家相互比赛，建了一条条SIQI线，自动化改造的速度大幅提高，效果逐步实现。"吕越斌自豪地说道。

坚持技术创新，保持竞争力

吕越斌表示，要实现"成为国际电热行业标杆"的愿景，必须践行成本领先、品质领先和技术创新这三个发展战略。围绕技术创新，公司建立了相关体系。通过开展"技术创新年会""智造杯设计大赛""热威工匠与师徒大赛"等活动，不断激发大家的创新热情与活力。

一件件小而美的产品面向市场，产品不断更新迭代，重大项目的技术创新为企业未来发展储备了产品与技术。2019—2022年，公司每年完成100多项技改。通过技改，企业每年产生2000多万元的经济效益，保持竞争力。

执笔人：人文学院2021级新闻与传播专业　苏晓敏

指导老师：机械工程学院　李馨格

案例分析

一路走来，能取得今天的斐然成就，吕越斌表示离不开小时候父母经商对他潜移默化的影响，离不开高中阶段小发明、小创造培养的创新思维，更离不开大学四年专业课的扎实基础和浙工大踏实、质朴、争创一流的文化熏陶。

在中学阶段，他一直担任班长；在浙工大，他又加入了学生会，入了党。从学生时代起，吕越斌便有一颗做好产品、管好企业、为国争光的赤诚之心。在毕业后，他更是始终将浙工大人"艰苦创业、开拓创新、争创一流"的优良传统铭记于心。

2017年，松下总社社长带领日本企业家代表团走访热威公司，对公司的环境和生产当场给予了很高的评价。"作为一家中国企业，能将中国制造的产品带到国际舞台并得到认可，是我和我的团队最大的满足。"一路走来，吕越斌带领企业不断发展，对企业产品战略及发展战略都进行了提前布局，企业国际化、效率化、岗位专业化不断扎实推进。

成为国际电热行业的标杆，是吕越斌心中愿景的第一步。而他更大的理想是为被国外卡脖子的产业出一份力。"我们的征途是星辰大海。"正如这句话一样，属于他的壮阔的事业征程仍在继续！

执笔人：人文学院2021级新闻与传播专业　苏晓敏
指导老师：机械工程学院　李馨格

吴严明

创新创业理念

在充满不确定性的时代里，唯有变革创新、以变应变，才能赢得未来。

　　吴严明，男，1974年9月出生，浙江衢州人。1995年毕业于浙江工业大学化工设备与机械专业，后获得浙江工商大学MBA、中欧国际工商学院EMBA，被评为高级工程师、杭州市第十四届人大代表、杭州高层次C类人才。现任传化集团有限公司董事，浙江新安化工集团股份有限公司党委书记、总裁，兼任中非民间商会会长、中国农药工业协会副会长、浙江省农药工业协会理事长、建德市工商联副主席、建德市企业家协会常务副会长等职务。

　　先后获得第十五届杭州市优秀企业家、第四届世界杭商大会"优秀杭商"、杭州市数智攻坚先锋、建德市优秀人才奖等荣誉。

读万卷书，行万里路，破万重关

——记化工设备与机械专业 1995 届校友　吴严明

创业范例

浙江工业大学是我真正的"母校"

"回到母校，我心情比较激动。从 1995 年毕业后，我虽然到很多高校学习、进修过，但是回母校的感觉不一样。浙江工业大学是我真正的母校。"吴严明深情地说道。

2022 年 5 月，在浙工大校友办的邀请下，吴严明第一次走进小和山麓的屏峰校区。古色古香的机械学院建筑群让他徜徉其中，气势恢宏的亚运会板球馆新地标让他感慨驻足，学院领导班子的热情接待更让他感恩母校的关怀。"浙工大真是越来越好了，我 1991 年入学的时候还叫浙江工学院，当时在朝晖校区就读。如今母校发展日新月异，横跨朝晖、屏峰、莫干山、之江四个校区，稳居全国高校百强行列……"身为一名浙工大人，吴严明说起母校近年来的发展时如数家珍，言语中尽是对母校深深的眷恋和满满的自豪。

提起在母校的时光，吴严明回忆道："那个年代我们的主要任务就是学习。进入浙工大后，浙工大的治学校风严谨，老师们要求非常严格，学生学习也非常勤奋，即使过了这么久，学校的教室、图书馆每晚灯火通明的场景依然历历在目。"

正是在"厚德健行"的校训、"敬业奉献"的教风和"取精用宏"的学风熏陶下，浙工大培养出了学生与众不同的气质。母校既培养了他的人格，也塑造了他做人做事的风格，浙工大人始终追求品行与事业都臻于最高的境界。

"大学四年过得非常快，但很充实，也很快乐，因为除了学习，我的很多兴趣爱好就是在大学里培养起来的，比如音乐和足球。直到现在，它们依然是我放松的最好方式。如果有重大赛事，我也会定好闹钟半夜起来看足球比赛。大学既有严谨的校风，也有活泼的氛围，各种文娱活动很多。"除了学习和生活，在校期间，吴严明还当过团支书、参加过社团，也成为那个年代为数不多的大学生党员。吴严明鼓励学弟学妹们："时间转瞬即逝，要珍惜大学四年的美好时光，快乐地去学习、工作和生活，利用好这段人生的黄金时期，多积累相关专业知识，多培养一些兴趣爱好，多锻炼自身能力，为今后的事业发展打下坚实的基础。"

成长就是不断迎接挑战

回溯自己的职业生涯，吴严明认为，选对平台对自我的快速成长起着关键作用，因为个人的成长是与平台息息相关的，一定程度上决定了我们未来的走向。吴严明刚入学时，还是"高等学校毕业生全部包分配工作"的时期，到 1995 年毕业时，"包分配"的时代落下帷幕，多数毕业生面临"自主择业"，即"双向选择"。吴严明没有像身边的大多数同学一样进入机关、事业单位或外资企业，而是选择了萧山一家当时规模不大的民营企业——浙江传化化学集团（传化集团有限公司的前身，简称传化集团），成为第 388 号员工。"很多人对我当时的选择很是不解，其实我也没有什么特别的眼光，一定要说选择的理由，那就是我看中了民营企业的发展活力、对事业的追求和对人才的渴求。"谈起当时的想法，吴严明这样说："当代中国企业的平均寿命只有两年，大多数企业因为战略或管理的问题会走下坡路。我很庆幸选择了传化集团，选择了制造业。它具有充满韧性的商业能力、充满活力的文化生态。"进入民营企业的选择，在当时很多人看来或许是大胆的。但在 1992 年邓小平南方谈话发表后，民营经济如雨后春笋般蓬勃发展，吴严明幸运地赶上了时代浪潮，并勇敢地选择去做"弄潮儿"。

"平台重要，机遇也很重要，而机会都是留给有准备的人的。"1995 年吴严明进入传化集团后，迎接他的便是长达 8 年的生产车间一线工作。"下到车间厂房，有一些人是熬不过去的，但是我为什么能坚持那么久？因为我觉得自己是学这个专业的，要脚踏实地干好本职工作。一开始，我几乎一周都没有休息时间，尽可能多去熟悉工作环境。"在他看来，民营企业在市场竞争中要付出更多努力。而浙工大校友普遍非常务实和踏实，专业专注，吃苦耐劳，这是浙工大赋予我们最宝贵的品质。功夫不负有心人，吴严明一路从生产工人、设备员再到生产部经理，又陆续担任办公室主任、事业部总经理、营销总监，历经行政、营销、经营、管理等 10 余个岗位。2012 年底，传化集团作为浙江新安化工集团股份有限公司（简称新安集团）控股股东，委派他参与新安集团的经营管理，担任新安集团副总裁。"传化集团的主业是纺织和印染行业，而新安集团的主营业务是农用化学品、硅基新材料，所谓隔行如隔山，且新安集团之前是国企，具有特有的管理风格，我作为一个外来人，能不能挑起这个重担？"他不畏惧、不退缩，坦然迎接这一挑战。2016 年，正值新安集团的历史低谷期，他临危受命担任总裁，成为这家老企业的年轻掌柜。那年他 42 岁。回看每段履历，吴严明一步一个脚印走得很踏实。"成功没有捷径。我是一个走楼梯的人，从来没有乘电梯。自己的学习能力和适应能力就是在一次次挑战中锻造出来的'真功夫'。但在某种程度上说，抓住平台提供的各种机会，就意味着要努力、要吃苦。年轻人不要怕吃苦，这些经历最终都会变成宝贵的精神财富，伴随人的一生。"这是吴严明的切身经历和体会。

仰望星空时更要脚踏实地

新安集团自成立以来，历经计划经济、市场经济、集团化、国际化等多个发展阶段，由地方小国企成长为上市集团公司，成为细分行业的标杆，积累了丰厚的经营、管理、文化底蕴，像一本厚重的历史教科书。只有将它读懂、读透，才能看清未来，确保正确方向。在新安集团的 10 年间，他几乎跑遍了公司在国内 10 余个省份和海外 10 余个国家的所有基地、子公司，走访了产业链上下游数百家重点客户、合作伙伴，甚至同行企业。没有调查就没有发言权，只有"行万里路"，方可"破万重关"。正是对公司、行业、市场乃至国家政策、全球形势的洞察和把握，让他决策于千里之外。同时，他也通过共同的爱好结识了世界各地的朋友，像和广东人品美食、

吴严明在加纳的子公司调研

和福建朋友品茶、和巴西客户看足球等。交流时，他总会用言简意赅的语言表达他的认识，让人印象深刻。吴严明认为，人生既要有深度，也要有广度，才能有高度。企业家是耐得住寂寞的群体，要把重复的事情天天做，复杂的事情简单做。作为一个合格的企业家，首先要具备指路的能力，能够看到企业远景，描绘和传达愿景；其次要有领导力，在道德、作风、专业能力等方面都能以身示范，才能带领好团队作战；再次要有同理心，即换位思考的能力，要让客户觉得你是来帮助他解决问题的，要让下属觉得你的帮助能让他进步成长；最后要有良好的沟通协调和资源整合能力，所谓弱者"拆台"、强者"补台"、智者"搭台"。今后的社会，不是弱肉强食，而是合作共赢。

五年"再造"一个新安

2016 年以来，全球经济格局发生重大变化，在互联网浪潮的冲击下，传统制造业陷入发展低谷。吴严明上任伊始，面对"主业发展出现摇摆、新兴产业未能突破、核心优势不再明显、组织队伍士气低迷"的现状，他从战略、文化、组织、机制四个方面，大刀阔斧地开启新安集团转型升级之路，提出"奋斗未来五年，全面实现转型升级"的口号。战略上，他以"高质量发展"为主线，提出"绿色化、平台化、高端化、全球化、智能化"战略，推进新安集团从"制造"到"科技+制造+服务"的转变；文化上，他在传承优秀文化基因的同时，融入时代元素，对新安集团文化体系进行重构，为新安集团未来发展的根本性问题指明了方向；组织上，他以战略和业务为导向，打破传统的科层制，构建起以客户为中心的组织体系，全力推进干部、专家、高素质员工三支队伍建设；机制上，他倡导"奋斗至上、价值贡献"理念，取消"大锅饭"，全面激发组织活力，使得企业内部的工作节奏、工作干劲、工作作风、工作效率等都发生了根本性改变。在他的带领下，转型升级行动深入推进，让新安集团在奋进新五十年的征程上重新焕发了活力和生机，当年就实现扭亏为盈。5年来，新安集团在员工总数保持不变的前提下，实现营业收入增长3倍、利润增长20倍，相当于"再造"了一个新安集团，开创了新时代高质量

吴严明在工厂检查安全生产工作

发展的壮丽篇章。即使面对中美贸易争端、新冠疫情冲击等诸多挑战，新安集团依然"逆行而上"，2021年营收、利润、出口、市值四项核心指标均创造历史新高。吴严明说："当前公司正处于重要战略窗口期和机遇期，比以往任何时候都更有底气、更有自信迈向百年。企业经营如逆水行舟，不进则退，要时刻保持危机感和紧迫感，考虑到今后五年甚至十年的发展。这个世界没有救世主，只有靠自己。预测未来的最好办法就是去创造未来，要不断去适应变化。"

制造插上数字"翅膀"

当前，以5G、工业互联网、大数据、人工智能为代表的数字化、网络化、智能化技术正推动我国制造业全方位、全链条改造。吴严明在上任之初，就深刻认识到数字化转型乃大势所趋，提出要建设"数字新安"，即以新一代信息技术作为核心驱动，逐步推进实现业务运营数字化、生产制造智能化、生态服务平台化、信息支撑敏捷化，打造高质量发展的"新引擎"。方向一旦明确，他就带领团队全力推进，每年持续投入近亿元用于自动化、智能化改造提升。他"下好数字经济先手棋"的战略决策，使得新安集团在两化融合、智能制造中始终走在前列。吴严明也因在引领企业数字化转型和促进产业高质量发展方面的重要贡献而被评为杭州市数智攻坚先锋。虽然荣誉接踵而至，但是吴严明未被眼前的"胜利"冲昏头脑，又提出"基于新安集团产业数字化先发优势和工业互联网平台底座，加快培育发展新业态、新模式，更好地赋能行业、服务客户"。于是，继实现"产业数字化"后，"数字产业化"被提上重要议程。在他主导下，新安集团联合浙江中控技术股份有限公司成立合资公司——浙江中控智新科技有限公司，赋能产业链上下游数字化改造升级、孵化行业共性应用，进一步增强数字化的行业协作和供应链协同，助推化工产业整体竞争力提升。

把握"双碳"时代脉搏

2020年9月，习近平主席宣布了中国的"双碳"目标。吴严明敏锐地意识到，我国绿色发展将进入一个全新阶段。在当年某次集团会议上，吴严明就对全体干部强调："'双碳'目标的提出将给我们的国家、行业、企业带来翻天覆地的变化，引发一场持续数十年的能源革命，这是我们必须要把握住的时代脉搏。"在他的主导下，新安集团组建成立了"双碳"工作领导小组，顶层设计，高位推动，联合浙江大学能源中心，明确了"双碳"的时间表、路线图、施工图，将碳减排纳入经营发展全过程，让新安集团在构建绿色低碳循环发展体系上又"先行一步"。2022年4月，新安集团第一批节能重点项目落地实施，全面推动产品结构、能源结构、工艺过程的低碳转型。吴严明经常对员工说："我们身处钱塘江上游、风景秀丽的新安江畔，这里是我们共同工作和生活的家园。绿色发展是新安集团骨子里的基因和立足之本。我们要更加自觉地以新发展理念和他于2003、2005年调研新安集团时的重要讲话精神为指引，将高质量发展建立在资源高效利用和绿色低碳发展基础之上，擦亮高质量发展的绿色底色。"

吴严明认为，未来10～20年，新能源产业将迎来重大战略发展机遇，新能源

吴严明参加杭州市第十四届人民代表大会

材料产业已站上新的"风口"，而新能源材料的生产具备典型的精细化工属性，像新安集团这样有丰富经验和扎实基础的化工企业对此具备天然优势。于是，在杭州市第十四届人民代表大会上，吴严明提交了一份《关于发挥建德化工产业集群优势打造杭州新能源材料产业新高地的议案》，为杭州新制造业转型升级和高质量发展积极建言献策。同时，吴严明把握"双碳"目标下的能源革命重大机遇，延伸拓展新安集团现有的磷基材料、硅基材料两大产业优势，基于自主研发和外部合作，快速切入新能源材料领域，积极构建以新能源为主要应用场景的整体解决方案生态圈，引领新安集团从"双轮驱动"迈向"三足鼎立"的新发展格局。

践行企业"公民"责任

在吴严明看来，新安集团作为一家上市公司，在做强做大的同时要时刻不忘"回报社会"的初心和使命，履行好企业"公民"的社会责任。新安集团的会议上，他总会叮嘱各子公司负责人"要坚持本土、本业、本色干事业，也要注重共建、共创、共享促和谐，力所能及地为地方政府分忧、为周边社区解难"。2020年以来，面对新冠疫情，吴严明担任新安集团疫情防控工作领导小组组长，带领团队迎难而上，持续打赢了疫情防控阻击战、遭遇战、持久战，充分展现出企业的社会责任担当。疫情最严重的时候，他不仅带领新安集团率先复工，还带动了产业链上下游千余家企业复产，并为湖北、浙江等地抗疫捐款捐物1000余万元。据不完全统计，2020—2022年新安集团共捐款5000余万元，用于开展扶贫帮困等公益事业，切实践行了企业的"公民"责任。作为新安集团党委书记，吴严明也十分注重员工精神文明建设，不断加强社会公德、职业道德、家庭美德、个人品德建设，把社会主义核心价值观融入员工生产生活，组织动员干部员工持续参与"春风行动"、无偿献血等社会公益活动，积极传播正能量。

执笔人：人文学院 2021 级新闻与传播专业　苏晓敏

指导老师：浙江新安化工集团股份有限公司　张　成、机械工程学院　李馨格

案例分析

他曾是浙工大一名刻苦学习的优秀学子，母校的培养奠定了他人生的基石，出彩的人生从"浙"里启航；他是专业领域的高级工程师，更是历经 20 余载多岗位锻炼成长起来的高级经营管理人才，他的成功源于脚踏实地的奋斗和付出；他是上市公司的总裁，有着十分出色的领导力、专业能力、连接能力和意志力，有梦想、有担当、有格局、有情怀、有追求，用五年时间将新安集团带入一个全新的发展境界和高度。

吴严明的任职经历和所获荣誉等身，但他觉得"荣誉是集体和平台对我的认可，事业是永无止境的"。"读万卷书、行万里路、破万重关"是他职业生涯上半场的真实写照，"具有危机意识、责任感以及创新精神"是他多年实践的深刻领悟。从他面对复杂严峻环境所展现出的洞察和驾驭能力中，我们更加清晰地感受到企业家在推动企业持续健康发展中所起到的重要作用。

近几十年来，新安集团一直与浙工大保持密切的合作关系。吴严明作为浙工大

吴严明代表新安集团与浙江工业大学签署战略合作协议

的优秀校友，在连接校企、推动母校建设发展中发挥了不可替代的作用。2021年4月30日，在新安集团与浙工大签署战略合作协议的仪式上，他这样评价校企之间的紧密关系："在奋斗的征程上，新安集团与浙工大有源远流长的深厚合作情谊，有同根同源的紧密人文情结，有勠力同心的制造强国情怀。"他表示，希望新安集团与浙工大探索建立"法治"而非"人治"，立足长远的常态化、科学化、规范化合作机制，共同打造"名校＋名企"的合作新范式，激发科技创新活力，促进校企合作共赢。

道阻且长，行则将至；行而不辍，未来可期。在采访的最后，吴严明赠言浙工大的学弟学妹们："世界那么大，我想去看看。愿你们勇敢地追寻属于自己的星辰大海，成就真正的自我，做一个时代需要的人、对社会有用的人！也衷心希望你们有机会能够加盟传化集团、加盟新安集团，因为那里不止有眼前的苟且，更有你们心中的'诗和远方'！"

执笔人：人文学院 2021 级新闻与传播专业　苏晓敏

指导老师：浙江新安化工集团股份有限公司　张　成、机械工程学院　李馨格

曹宇英

创新创业理念

创造价值，创造美好。

校友简介

　　曹宇英，男，1973 年 11 月出生，浙江杭州人。1995 年本科毕业于浙江工业大学建筑工程专业，1998 年硕士毕业于浙江工业大学化工过程机械专业。现任浙江安道设计股份有限公司董事长，同时任美国建筑师联合会会员、美国景观设计师协会会员（ASLA）、国际风景园林师联合会会员（IFLA）、中国城市科学研究会景观学与美丽中国建设专业委员会委员。

　　1998—1999 年，就职于东方通信股份有限公司。

　　1999—2001 年，任聚星型图像有限公司总经理。

　　2001 年至今，任A&I（香港）景观与建筑设计有限公司董事。

　　2001 年，创办浙江安道设计股份有限公司，担任董事长、总裁和公司首席设计师。

　　2014 年至今，任杭州啊哈投资有限公司执行董事。

　　主持多个大型项目，包括岛斗复兴计划（获WLA世界景观建筑奖）、良渚 20 周年焕新计划（获IFLA景观设计奖、WAF世界建筑奖）、洱海儿童科普乐园（获Asia Pacific Property Awards亚太区大奖、WAF世界建筑奖）、大关党群服务中心（获Active House Award主动式建筑三等奖）。

创新文化品牌，赋能景观行业

——记建筑工程专业 1995 届校友　曹宇英

创业范例

"从 100 年的时间维度来思考衡量企业的发展战略，形成我们的价值观。"在浙江安道设计股份有限公司（简称安道设计）成立 20 周年的时候，曹宇英提出了这样的思考。从 2001 年创办安道设计起，曹宇英与安道设计已经共同走过 20 多个年头。这 20 多年，是中国城市建设高速发展的黄金时代，是一个充满机遇与挑战的时代。

安道设计于成立 20 年之际出版《景观的连接》一书，以促进我国景观设计行业进一步发展。在这 20 年里，曹宇英与安道设计始终在思考"景观的边界在哪里？景观如何在未来创造更多的价值？"

他如何塑造企业的价值观？他如何在变化的时代里，找寻那些不变的东西，让美好连接城市的每一个角落？

探索景观：素纸上的打磨

现任安道设计董事长的曹宇英，1995 年本科毕业于浙江工业大学建筑工程专业。"选择创业可能是源于内心的冲动，没有经过太多理性分析"。在谈及学生时代的生活对自己创业的影响时，曹宇英如是回答："我一进学校就进入了'工大书画社'这个部门，做有关浙工大的一份报纸。我当时主要的工作是写稿子、排版、画插画等。"除此之外，他还担任了学院宣传部长的职务，为学院内各类活动绘制海报。也许是这样的经历，让曹宇英锻炼了自己的勇气，也渐渐发现了自己对设计的热爱和潜能。

1995年，曹宇英在浙工大继续攻读硕士学位，这段求学经历让曹宇英更加深入地培养了自学能力。"自学能力能让你在未来接触跨学科知识时更自如地面对。"曹宇英说："我觉得这一系列经历对我后来创业影响最大的有两点：一是学习之外的锻炼；二是在学校培养起来的自学能力和独立思考能力。"

勾勒景观：企业价值观的描摹

安道设计于2001年成立。从2001年至今，整个中国的城市建设处于高速发展的黄金时代。曹宇英认为，在这个黄金时代，我们遇到的发展机遇远远超越我们碰到的艰难险阻。不同企业在同一个时代浪潮中会有不一样的发展结果：有些企业沦为时代的浪花，有些企业则能在浪潮中乘风而上，这是由不同价值观与不同认知导致的。因此，预判好每一个转折的趋势，把握好每一个机遇，对一个企业走长走远是非常重要的。

纵观安道设计20多年的发展史，曹宇英认为安道设计能走到今天的一个重要原因就是安道设计一直以来都坚持走一条品牌化的道路，创造"安道"品牌的长期价值。坚持一个品牌的长期价值，对内而言，能使从业者在坚持品牌价值的过程中看到品牌可持续发展的前景；对外而言，随着品牌价值增长，能给客户提供除了创意和设计之外的更多价值，也能给客户提供愉悦的体验，同时给予社会更多积极正面的价值影响。

曹宇英表示："要守着'价值'这两个字。如果管理、人才的培养，甚至是整个核心能力的建立都能围绕'价值观'的主线走，那随着时间的发酵，你会发现整个公司的价值体系是在逐步向上的，公司乃至个人的附加价值都会有很大的上升。"当一个企业拥有了属于它自己的长期价值时，不管遇到怎样的风浪或是险阻，它都能够拥有前行的动力和光明的前景。

安道设计有句口号是"献给100岁以下的儿童"。对此，曹宇英解释道："我们应该从 100 年的时间维度来思考我们的战略，来形成我们的价值观。有了价值观，不管发生任何变化，都可以在未来的前进中从容不迫。"

"一个机构就像一部机器，主要由两组部件构成：文化和人。"曹宇英分享了《原则》这本书的开篇。他说："刚开始我并不太接受把一个机构等同于一部机器的看法，这样似乎显得很没有情怀、没有文化。然而当我从一种理性的角度去思考与理解一个公司、一个组织的时候，才发现将它类比为机器，其实是非常生动和鲜明的。既然一个机构是由文化和人组成，那么我们相信，一个优秀的机构一定是由优秀的文化和优秀的人组成。我们一定要去打造优秀的文化，让优秀的文化和优秀的人相辅相成，才能促使我们组成一个更加优秀的机构。我们优秀的文化是什么？做有意义的工作，发展有意义的人际关系，让想象力驰骋并愿意开创先河。做有意义的工作是什么？让热情和工作合二为一，让工作能够帮助他人，让工作能够成就自己，让工作给社会、给周边的人带来价值。做有意义的工作，本身就是一件幸福的事情。什么是有意义的人际关系？我们经常听说，当公司大了，就不像一个家，公司小的时候很像一个家。家是什么？家是有着强关系的共同体。无论今天我们的公司像不像家，我们依然要发展这种有意义的人际关系。它其实是一种坦诚自然的关系，而不是一种刻意的、功利的关系。能够在关系中帮助他人、成就他人，能够互相安慰、互相砥砺、互相成就一些美好，这样的关系才是有意义的人际关系。有了有意义的人际关系，才能让想象力驰骋，不断开创新局面。我们要把我们所做的事变成一件伟大的事，首先要学会嫁接到一个伟大的目标上去。如果能把你现在所做的事嫁接到一个伟大的目标上，你就会发现你做的事情是如此有价值，你可以享受其中。如作家拿破仑·希尔所言，如果我们不能做伟大的事，那么我们能不能以一种伟大的方式做小事？以伟大的方式做小事，你的小事就变得伟大了。比如茑屋书店，开一家书店是小事吗？当然是小事，但是茑屋书店是用伟大的方式去做小事，茑屋书店变成了一种美好的生活方式，它就不再是小事。在每天的忙碌、繁杂、困扰当中，我们能不能换一种方式去思考，用一种伟大的方式去看待我们所做的事情？哪怕我们只是给客户倒一杯茶，因为这一杯茶，他产生心灵的温暖，让我们的项目更顺利地向前推进。"

发扬景观：让景观创造价值

曹宇英作为国内首批接触景观设计的设计师，开启了我国与国外在景观设计方面的交流。安道设计于成立 20 年之际出版了《景观的连接》，以促进我国景观设计行业的进一步发展。他表示，在这 20 多年中，他一直在思考景观的边界在哪里，景观如何在未来的时代创造更多的价值。

有人会说"景观行业准入门槛低，技术含量少"。在曹宇英看来，从狭义上来讲，这句话可以被认为是对的，因为如果人们仅仅将其定义为填充和美化城市建筑规划空间中留下来的空白，仅仅从视觉体验的角度来评价它的时候，那它一定是低门槛的。

但是如果我们从景观学科本身来看待这个问题，我们就要思考它未来可以给社会带来什么样的价值或者意义，我们要如何放大它的内涵或者如何拓展学科的边界，让景观真正成为所谓的"大景观"，它就一定不再是低门槛的事情了，因为这包括了生态、人文、文化、生活等方面的综合问题。设计师需要做的就是不断突破这些学科边界，包括规划、建筑、生态、文学、艺术、城市运营、社会学等。学科综合能够推动人居环境往更适宜的方向发展，在这样的背景下，景观才是一件可持

曹宇英新书《景观的连接》在上海举办新书发布会

续的事情。

曹宇英认为，景观是一门具有强烈包容性的学科，可以将创意转化成空间、内容和服务。安道设计完成的文创、环境教育、公共艺术、主题乐园、城市更新，甚至还有未来景观都是包含在学科范畴之内的。他们聚焦创造美好生活环境，最终目的是给客户带来更多价值。因此，曹宇英表示："只要我们真正掌握了学科的方法，我们所做的事情是不会被任何框架限定的。"

曹宇英从本体重新定义景观，重新审视景观的价值和思考学科的未来。他清晰地认识到，与其他设计学科相比，景观是一个年轻的学科，而在中国更是近几十年来才引用的学科概念。今天，景观经常被狭义化地认为是园林的概念，或者就是地产展示区和社区景观。虽然传统园林在中国已有几千年的历史，但景观学科已经远远超越园林的文化意义实践，是关乎我们生活中物质、文化和社会的综合学科，它的未来依赖更多的从业者以崭新的方式来想象这个世界。曹宇英一直认为景观是一个更大的概念。"我经常用居伊·德波在《景观社会》对景观的定义举例，他认为景观实际上是我们在社会面对的所有视觉化的东西，包含经济场景、消费场景和日常场景。这与我自己的理解是很接近的。我认为景观既包含看得见的物理空间，也包括看不见的情感记忆和生活状态。"在保持景观学崇高含义的同时，需要通过整合各种设计的学科和工具，对人居问题提供全面的解决方案与策略，才能使城市景观朝着更美好的未来进发。

《景观的连接》是继《幸福景观》出版5年后的一本关于景观边界探索的作品集。安道设计以"城市再生与美好生活的连接""乡村与未来生活方式的连接""社区营造与日常生活的连接""传统文化审美和当代美学的连接""公共艺术与游戏地景的连接""未来教育与学习场景的连接""品牌与生活场景的连接"等7个篇章来阐述他们的实践与思考，这不仅是对其20年发展的总结，安道设计也希望能借此为景观设计这个行业的从业者，以及热爱生活和设计的同仁提供一些有意义的参考与借鉴。

守望景观：与景观设计行业的点滴

在被问到是什么促使他进入景观设计这个行业的时候，曹宇英回答道："这应该与我的成长环境有关。我父亲之前是一位文学工作者，后来他也从事民间文艺工作，这就导致我对本土文化、人文等方面非常感兴趣。在之前做建筑的那段时间，我就一直非常关注建筑与其周边环境的关系，我认为文化与建筑之间本身就是共生的关系。"在探寻建筑的过程中，曹宇英慢慢发现，景观以其更宏大的叙述方式和更广阔的视野包容着我们要创造的每一处空间，这里的空间既包含建筑空间，也包含其周边的物理空间和人文环境。因此，他开始逐步从建筑转向了景观行业。

在安道设计发展的20多年里，曹宇英一直竭力在设计这条道路上发光发热，从心怀理想的青年学生到初入社会坚定理想的创业青年，再到如今设计行业的中流砥柱……他始终坚信，秉持积极的价值观能使个人乃至企业都拥有无穷无尽的乘风破浪的力量。曹宇英血液中的价值因子引领着他在风雨涌动中坚定自我，在行业的创新中无畏前行。

面对当下城市建设逐步完善的境况，越来越多的人提出了"建筑工程即将成为夕阳产业"的看法，曹宇英对此坦露了自己的看法："我既认同这样的观点，又不认同这样的观点。如果设计仅仅只是守在原来的专业分工之下，把设计本身当成道

曹宇英成为浙江大学MBA企业家导师

路建设或者房屋建设中的一个小环节，而不是一个独立的部分，那么这个行业就会成为一个夕阳产业，难有特别广阔的发展前景。但如果把设计视作一种具有创意的方法，并能用其解决在工程中碰到的环境问题或是如今常提及的随着人民日益增长的需求所带来的问题，给行业带来更大的附加值，那它就是一个朝阳行业。"

曹宇英更希望我国的设计产业能够成长到与一些欧美国家的设计产业比肩的状态。他说："如今的欧美国家，许多传统业务正逐渐消解和衰败，但他们的创意产业足以发展成为其整个国家的主要支柱产业之一。韩国亦如是，它的创意产业甚至能够影响整个世界。这也是安道设计一直以来的发展目标——致力于推动设计成为一个独立的产业甚至是国家支柱产业，而不是工程建筑的附属品。"

如何去实现这一目标呢？曹宇英指出，希望设计能与文化相结合，为文化产业赋能，从而解决当下的社会问题。

再探景观：对企业发展的思考

曹宇英认为，作为一名管理者，需要具备两点核心特质。

第一点是要有长期坚持的价值。在团队成长的过程中，受到的干扰和听到的不同声音喧嚣嘈杂，这就需要团队领导者能够在时代的洪流中认清自身的长期价值。于曹宇英而言，就是缕析安道设计当下能够带给用户的价值在哪里、未来能够拓展和夯实的价值是什么。

第二点是以人为核心。曹宇英解释道："我始终觉得，在以创意为推动的行业，人是最核心的要素。领导者更多的是起'赋能'作用，我们要做的是帮助设计师取得成功。我比较认同倒三角的组织架构，管理者在三角形底部，他的作用是不断地托起每一个人，为每一个人赋能，帮助他们获得成功。"

在安道设计有一个说法是"创造美好连接"。曹宇英认为，物理空间、创意内容、服务等都是一种媒介，当这个媒介足够有吸引力的时候，它就能促进人和人之间、文化之间、人和城市之间产生美好连接，这些连接的产生实质就是构建美好生活的过程。在这一过程中，安道设计承担着做好创意和设计的责任。

设计可以分为三个价值航道，即把创意转化为空间、内容和服务。把创意和设计转化成美好的空间是目前市面上大部分设计公司擅长的，但如何将创意转化成美好的内容，这是一个长期且更为艰巨的挑战。安道设计还聚焦于认清设计行业能真正给社会带来什么正面影响、设计本身能否帮助商业取得成功、能否让用户在使用后获得美好体验，这也正是设计的价值和意义。

在被问到作为管理者的同时能否兼顾设计师的任务时，曹宇英表示自己并不认为做管理者和做设计师是互相矛盾的事情。在做设计师的时候，他所做的是面对面解决客户具体的问题，输出的是解决方案；而作为管理者，他所做的就变成了如何为公司设计一套更好的创新机制、如何创造更好的氛围帮助年轻设计师更快走向成熟。因此，无论处于哪个身份，他的工作实质都是设计师，只是设计的任务发生了变化。他认为，人在人生的每个阶段都要不断地去延展认知的边界，面对新的课题，因此这两者之间并不会产生矛盾。

"我觉得人一定要保持好奇心，好奇心意味着你拥有独立思考的能力，意味着你能发现生活中的美好。做设计最需要的就是'发现'。"对设计行业，曹宇英有诸多看法："也不仅仅是设计这个行业，我想大概所有的行业都需要保持好奇心，不然人和行业就会死气沉沉的。"他还指出，在校大学生应当努力提升自己的基本素

曹宇英接待原浙江省委宣传部副部长葛学斌

养，这是未来工作或创业极其重要的基础。身处大发展、大变革的新时代，我们的政府提供了充足的空间和机会供青年大展宏图。曹宇英表示，在确立个人爱好以后，完全可以通过媒介手段或是平台资源向外拓展。个体若是能将个人兴趣爱好与自由职业模式的创业相结合，将别具价值。这是他对浙工大学弟学妹们的叮嘱和期待。

执笔人：土木工程学院 2021 级土木工程专业　童　舒

指导老师：土木工程学院　彭国军、李学薇

案例分析

"唯有不断创造价值，才能不断拥有价值。"曹宇英的创业经历深刻地诠释了这句话的含义。从开始学习建筑工程专业知识，到成为景观设计业的中流砥柱，他在探索中不断寻找自己的兴趣，将个人价值观融入职业构想，兴趣与勇气驱使着他带领安道设计踏上了一往无前的发展道路。

城市建设的飞速发展让中国设计行业的市场竞争激烈又充满机遇，安道设计也面临着如何选择前进道路的问题。曹宇英毫不犹豫地坚定自己的人生信条，选择坚持做自己的"品牌"，坚持走"品牌"路线，创造属于安道设计自己的价值。正是他的选择，让安道设计在市场形势不断变化的 20 多年里走出了一条独特的道路，助力安道设计成为中国景观设计行业中的中流砥柱。

新世纪伊始，当我国的景观设计尚处于萌芽阶段时，曹宇英就敏锐地捕捉到了这一特殊而富有前景的行业。在大家都对这个新领域充满犹豫与迟疑时，他当机立断，引领安道设计开始向景观设计领域进发。在遭遇困境时，他果断提出与国外已经发展成熟的景观设计行业进行交流，这一交流过程使得曹宇英充分地认识到我国的景观设计行业有着广阔的发展前景。在他的引领下，安道设计不忘建筑设计的传统方向，在景观设计这一全新领域稳步前行，致力于打造成为一家全面发展的设计企业。

"我们最重要的要创造一些美好的内容。这也是我对安道设计未来发展的一个想法。"曹宇英希望安道设计在未来能发展成为美好生活的创意内容构建者。他对于设计行业本身的构想则主要体现在突破行业的边界，让景观设计成为能够解决城市、乡村、人居中种种更加复杂问题的工具。

在工业化时期，为了能够更高效地生产，划分出了建筑、室内、景观、规划等学科。但对曹宇英而言，他更希望能够将景观设计视作综合设计，既包括实体的空间设计，又包括未来虚拟空间的数字化设计，即运用创意解决综合性社会问题。安道设计现运用数字艺术叠加物理空间，打造沉浸式的体验模式，但创意服务的本质是不变的。

企业家是企业的引路人。在安道设计的 20 年奋斗岁月里，曹宇英一直扮演着引路人的角色。他一手缔造了安道设计，为安道设计指引方向。在安道设计成功以后，他也没有放弃思考，而是继续为企业的建设添砖加瓦。"坚持价值"四个字是他创业生涯最好的写照，也是他带给安道设计的最宝贵的精神财富。

执笔人：土木工程学院 2021 级土木工程专业　童　舒
指导老师：土木工程学院　彭国军、李荸薇

褚定军

创新创业理念

专注药物创新研发，以科创驱动发展，以匠心淬炼品质，以平民情怀做老百姓用得起的好药，不断提升医药健康资源的普惠度，保障民众高质量健康生活，助力健康中国建设。

褚定军，男，1973年出生。1997年毕业于浙江工业大学化工工艺专业，高级工程师。

1997年7月—1998年11月，任海门制药厂技术员。

1998年11月—2002年1月，任大古化工有限公司研发主管。

2002年1月至今，历任奥锐特药业股份有限公司副总经理、常务副总经理、董事、总经理。

政协天台县第十届、第十一届委员会委员，天台县第八届拔尖人才，连续多年荣获"天台县经济发展功臣"称号，2020年度"十佳创新台州商人"。

让梦想在创新中飞扬

——记化工工艺专业 1997 届校友　褚定军

创业范例

天台山是活佛济公的故乡，济公的故事在此地广为流传。由于自小就受到"济世为公、无我利他"理念的熏陶，他的心中根植了"护佑健康、造福人类"的大爱情怀。

作为一名从实验室成长起来的企业家，多年来，他聚焦生物医药的研发与制造，以匠心致初心，以初心致未来，勇攀行业高峰，生动诠释了新时代企业家的责任、担当与爱国心。

他，就是奥锐特药业股份有限公司（简称奥锐特药业）总经理褚定军，一个坚守主业、专注实业，以振兴民族药业为己任的民营企业家。

奥锐特药业创建于 1998 年 3 月，主要从事特色原料药和医药中间体的科研、生产和销售，主要业务遍及欧洲、南美洲、北美洲和亚洲各地。公司是国家高新技术企业，并于 2020 年 9 月 21 日在上海证券交易所成功上市。

褚定军自 1998 年大古化工有限公司（奥锐特药业的前身）创建伊始即加入，在产品研发、工艺设计、质量管理等技术及生产经营岗位长期工作，并历任公司副总经理、常务副总经理、总经理。

面对庞大的企业，褚定军有一套自己的管理方式。一是提升生产装备水平，实现高效长远发展。任职期间，褚定军深入调研国内外同行业装备发展水平，考察西门子等公司系统集成供应商，加强技术改造投入，提升企业生产装备水平，改造生产线，逐步实现制药流程密闭化、管道化生产，并向自动化生产方式转型，不仅提升了生产效率，而且大幅减少"三废"。二是与全体员工分享公司发展成果，让员工以奥锐特药业为荣。自2017年成为奥锐特药业总经理以来，褚定军坚持职工利益至上，立定以提升公司职工薪酬福利、让职工有成就感、促进全体员工职业发展为目标。近年来，褚定军多次召开公司内部一线员工代表座谈会和大学生代表座谈会，充分听取基层职工的心声，了解职工的需求。通过新增点餐系统及发放餐费补贴解决职工工作餐的问题；通过逐步建设管理序列、技术序列、技工序列晋升发展通道以及大力引进培训和发展培训师体系来解决各级职工职业发展的问题。

在近几年的企业管理实践中，褚定军得到了人生中最大的锻炼，取得了显著的工作业绩。但是，褚定军常说："公司的发展离不开各级政府的支持帮助和全体职工的努力。企业的发展离不开员工，只有我们管理人员将员工当亲人，处处为员工

褚定军生活照

利益着想，员工才会把我们当亲人，企业才有可持续快速发展的基石。"

突破思维定式，培养创新精神

1993 年，褚定军进入浙江工业大学。在人生最重要的大学阶段，褚定军和许多成功人士一样，有幸遇到了多位对自己影响深远的老师。从老师崇尚科学、知行合一的教学理念中，他培育科学精神，传承优良学风，孜孜不倦地追求自己的理想信念。

张长洲老师教的科目是机械制图，这门学科尤为注重个体的空间想象能力。在解答问题时，褚定军有时会拿出多种解答方案。对于这样一个思维发散的学生，张老师就顺着他的答题步骤思索，一起求证。有时候，张老师还来到学生寝室里，和大家一起畅聊某一道题，他那多角度、多层次探究科学真谛的做法使大家打开了思维，更加乐于去观察和思考专业话题。褚定军说："在大学中，我很庆幸能遇到这样的老师，他培养了我打破常规思维、大胆创新思考问题的能力。"

学生的成长离不开严师。陈雨生就是一位精益求精、一丝不苟的老师，他教授的是化工工程设计。当时，学校的条件相对落后，加之设计软件并不发达，平时都需要学生手绘机械设备。褚定军接到设计一个设计精馏塔的任务，从前期方案思考、理论计算，再到手绘精馏塔设备，前前后后花了一个多月。当他把图纸交到陈老师手中时，陈老师注重结合实际，在审查时不放过每一个细节，确保这个精馏塔的绝对安全性。对于图纸中用到的每个螺丝钉，陈老师都会重新计算精确度。褚定军说："这种近乎苛刻的自觉与自律，后来逐渐融入我科研、治学、创业的过程中。"

打造最强"大脑"，释放科创活力

毕业后，褚定军先在海门制药厂工作，后离职回到天台创业。创业初期，他遇到了知识储备不足、实验技能欠缺、资金不足、设备落后等一系列难题。对农家的孩子来说，没有什么苦是不能适应的，但在研究运用纸层析法来分离药物时，褚定军还是尝到了"苦"的滋味。知识储备不足，对于一个专业人士而言才是真正的苦不堪言。

　　在意识到自身的能力欠缺后，褚定军来到中国药科大学学习研究方法和实验技能。在系统学习近1个月后，他又马不停蹄地赶往中国科学院上海有机化学研究所，潜心钻研了1个多月。在这2个月的时间里，褚定军每天的生活基本就是宿舍、食堂、图书馆、实验室四点一线，有时甚至吃住都在实验室里。通过2个月的学习，褚定军回到大古化工有限公司，进行相关项目的产业化实施，完成了企业的初始积累。

　　敢拼敢闯，敢作敢为，伴随着褚定军的创业生涯。

　　2021年2月17日，《浙江日报》破天荒地在头版头条位置报道了褚定军带领奥锐特药业科研人员一线攻坚的场景。图片上，褚定军戴着头盔，穿着淡蓝色的工装，装扮朴素，就如一名普通的科研人员。当时正值春节前夕，奥锐特药业着手研发一款激素类新产品，由于时间紧、任务重，多位研发骨干就地过年，自愿加入研发攻坚队伍。当时，褚定军原本打算春节和父母一起到江苏探望弟弟，但他却临时取消行程，加入研发行列中。一早，他前往生产车间检查安全工作后，就直接来到

褚定军在实验室

实验室与研发人员探讨问题。实验室外，大红春联透着浓浓的年味。实验室内，褚定军和研发人员一道紧盯着仪器内不断搅动的溶液，不时轻声交流着。

有着17年党龄的褚定军是一位从实验室里成长起来的企业老总，他曾带着研发团队为企业拿下了多个核心专利。2020年，褚定军获评天台县拔尖人才、天台县人才工作"伯乐奖"。

对于实验室里的这些小伙伴，他当好表率，引领大家在攻坚一线担当作为。"我们在讨论如何有效提高催化的性能。""90后"研发人员谢晓强说："公司有许多新的研发项目，平台优势很明显，对我们团队相当有吸引力，也很有挑战性。"

创新领航，勇立潮头。褚定军致力于打造最强"大脑"，激活企业创新的"源头活水"。他紧盯当下，更着眼未来。褚定军说："未来，我们将加大研发投入，强化科技创新力度，不断提升企业的核心竞争力。"

将困难踩在脚下，在奔跑中超越自我

褚定军基层经验丰富，曾在企业内部的所有重点岗位上锻炼过。这也成了他"掌舵"后见微知著、洞悉行业发展方向的一大资本。

一直以来，褚定军保持着朴素的本色和坚韧的拼劲，将情怀融入对卓越品质的追求中，即便岗位变动，依然坚守初心。自2002年进入公司核心管理层后，褚定军以振兴民族制药产业为己任，积极推进技术引领产业升级、资本驱动公司治理变革、安全环保坚守社会责任底线，带领奥锐特药业进入了发展的快车道。从2015年起，公司每年营收一直稳定在5亿多元，2022年营收突破10亿元。

创新是企业的原动力。作为"技术+管理"复合型人才，褚定军曾先后主持并完成国家创新基金、国家新产品、浙江省重大科技专项、浙江省重点技术创新和浙江省级新产品试制计划等项目，获得国家授权的发明专利9项、美国授权的发明专利1项。

为建强智慧"大脑"，褚定军一直不遗余力。培养并加速生成一流的人才方阵是他心之所向。公司不断吸收培养高技术人才，在国内建立4个研发基地，拥有1支由230余名优秀科研人员组成的研发团队，专注于小分子药物（化学合成和发酵）、多肽药物、RNA药物、晶型研究、微粉化工程研究等多领域的研发。

近年来，褚定军还广搭人才创新平台，广揽高层次人才。博士后创新基地建成了，院士工作站落地了，浙江省级研发中心和技术中心、浙江省级企业研究院、浙江省创新型中小企业等也都通过了认定。这几年，奥锐特药业的研发费用占营收的比重逐年上升，从2016年的3.03%增加到目前的10%以上，丰富的在研项目为公司的长期成长性注入新动能。

站在时代的风口，褚定军致力于科技创新前沿、产业前沿产品的探索，潜心打造企业发展之重器。奥锐特药业已成功开发出替诺福韦、氟替卡松、依普利酮等医药关键中间体及其原料药的高新产品，在多个产品领域具有核心竞争力。

生产一代、研发一代、储备一代，是褚定军力推的产品开发策略。在奥锐特药业，一批批给人类带来健康的产品在迭代升级中走上前台。公司在研项目中，三胎辅助生殖概念的地屈孕酮已部分投产，其制剂项目等已完成申报。其他项目有的处于工艺验证阶段，有的已完成工艺验证，有的处于中试或小试阶段。

安全、环保、质量，是褚定军牢抓不放的企业生命线。他强化GMP、EHS体系

褚定军参加活动

推进力度，不断强化安全环保意识与执行力度。奥锐特药业获评台州市安全生产示范企业、环保绿色企业，通过了浙江省安全生产标准化达标企业验收，还先后通过了WHO、欧盟以及美国FDA等的检查。

勇担时代责任，彰显大爱担当

褚定军总是以强烈的社会责任感，传递着正能量。疫情无情人有情，在群众最需要的时候，褚定军总是和公司员工一起闻令而动，向险而行。

2020年初的新冠疫情中，褚定军率先提出"带薪休假制"，允许外地员工暂缓返回，并从人文关怀角度给予他们关心关爱。很快，这一倡议在业内成为主流，避免了疫情在天台县内的传播。

2020年4月28日，天台县突发新冠疫情。紧要关头，褚定军挺身而出，一方面迅速筹备防护服、消毒水、医用手套等紧缺物资，一方面组织党员志愿者组成"特殊战队"，参与清运危险系数较高的医废垃圾。

在企业生产的空档，褚定军十分关注社会上的疫情防控需求。他发现部分村庄、社区以及公共场所防控物资紧缺后，就利用各种渠道联系国内外客户，千方百计筹备紧缺物资，分批购买了口罩、体温检测仪、消毒液等，并组织了5支由20人组成的党员志愿者小分队，及时回应各方需求，主动为相关单位、社区送货上门。

天台县流动人口管理局的9个基层站所都处于疫情防控一线，但库存的防疫物资都已用完。褚定军得知消息后，第一时间安排送货上门。正在发愁的天台县流动人口管理局局长吴极明转忧为喜："你们来得太及时了！真的是雪中送炭！"

紧接着，褚定军又将多方筹措到的15万只口罩、30吨消毒液及喷壶、体温检测仪等物资全部捐赠给了天台县红十字会，以实际行动彰显了民营企业家的社会担当和大爱情怀。

强烈的责任感一直伴随着褚定军。褚定军是天台县政协委员，在他看来，这是一份沉甸甸的责任。他发挥好政协委员的桥梁纽带作用，充分将自己在企业经营管理、安全生产、服务员工等方面的所思所想融入政协建言献策当中，助力经济高质量发展。

一次下班途中，褚定军目睹了员工骑电瓶车与车辆相撞的一幕。联想起当时园区周边交通事故多发的现象，他不由得陷入深思。在随后的调研中，褚定军发现这当中既有员工交通意识不强的因素，更有各个道口交通警示标志不全、视线不佳等原因，便形成了提案。相关部门在收到提案后，很快制订整改方案，对园区道口的行道树进行修剪，增设了警示标志和爆闪灯。奥锐特药业也加强了员工交通法规知识的培训，给骑车的员工配发黄背心。员工队伍安全了，企业的经营发展环境也更加稳定了。

多一份心，做有心人。褚定军积极建言献策，反映社情民意。他带着感情、带着责任，广泛了解员工的困难和诉求，积极为他们排忧解难。园区离城区有一段距离，公交车运行频率不高，员工对公共自行车有一定的需求。在与员工交流时，褚定军将了解到的这一信息悄悄记在心中。他找到有关单位反映情况，在短时间内就促成了公共自行车设施的落地。

扎根基层的他喜欢关注身边群众的烦心事。他把群众的诉求当成了自己的履职方向。一次，褚定军了解到白鹤镇小田村村口没有公交站点，群众乘车不方便，他就主动与相关部门协商增设站点，方便了周边群众的出行。褚定军还将调研成果用在公司内部管理中。他深入调研天台县上市企业等的福利待遇，并充分听取员工心声，理顺了员工关于用餐、职级晋升、薪酬福利提升等一系列需求和问题，为企业上市夯实了基础。

在加快企业发展的过程中，褚定军带领奥锐特药业积极投身"消薄"、整治村庄环境、资助困难学生、关爱老兵等社会公益事业，在推动乡村共同富裕的道路上主动作为，勇于担当，倾心倾情，先后投入资金200多万元，为乡村振兴、共同富裕伟业贡献了力量，在脱贫攻坚行动中亮出了风采。

共同成长，用奋斗逐梦未来

师恩难忘，母校情深，作为浙江工业大学的毕业生，褚定军经常回到学校，关注学校的建设和发展。

褚定军表示，每个时代都会出现时代的浪潮儿，希望浙工大的学生可以坚定内心，找准方向，不被外界纷扰嘈杂轻易扰了心神。求学是一个缓慢前进的过程，求学的内容和进度更是应该以自身为标准，找准自己努力的方向，大学生要培养自身的核心竞争力。大学是一个构建自身知识体系的时期。随着社会的发展，那些一专多能的复合型人才更受欢迎。一个人在发挥专业特长的同时，也要掌握其他技能，才能更加凸显自己的核心竞争力。而核心竞争力，顾名思义就是自身具有的优势，这个优势是别人没有的。每个人的能力与擅长的领域不同，因此需要在自己熟悉和擅长的领域发光发热，并以此为目标不懈努力，提高自身能力和素养，提升自我价值。

现在全社会有一股"内卷化"的浪潮。但对于"内卷化"这三个字，褚定军认为，它可以作为前进的动力，如可以促进新产品诞生，也可以促进公司转型，打破产业壁垒，提高产能，扩大产业布局，"我们要做的是提高自身的核心竞争力，'内卷'其实并不可怕，怕的是我们自知却不做出改变，深陷在内卷化的焦虑之中，虚度了光阴。但正如字节跳动创始人张一鸣所说，只有心态越平稳，才能扎根越牢，才能够有魄力、有想象力去做更难企及的事情!望当代学子可以脚踏实地，拒绝躺平，找准目标，全力以赴。生涯是没有终点的，成长总是伴随着不停的磨炼和摔打。或许你会走上一条不是自己曾经设想的道路，但希望你能找到属于自己的方向。"

最后，褚定军给浙工大的学弟学妹们送上寄语："希望学弟学妹们勇于追梦!无论成功与否，追梦的过程都将成为你们一生的财富。愿你们不念过往，不惧将来，活在当下! 趁阳光正好，趁微风不燥，怀揣梦想，不负时光。愿所有校友能够在自己的人生道路上用努力证明自强，用毅力成就梦想，用拼搏铸就辉煌!"

执笔人：化学工程学院 2020 级化学工程与工艺专业　步晨姣
指导老师：化学工程学院　李丹琳

案例分析

褚定军是一名从实验室成长起来的企业家。透过奥锐特药业这家民族制药企业高质量发展的成长历程，我们见证了褚定军以硬核实力踏出的铿锵步伐。

创新是企业发展的生命线，是企业家精神的灵魂。褚定军自上任以来，一直不遗余力地致力于建设企业的智慧"大脑"。站在时代的风口，褚定军致力于科技创新前沿、产业前沿产品的探索，逐步稳定提升企业的竞争力，潜心打造企业发展之重器，为企业提供源源不断的活力。作为一名企业带头人，褚定军带领奥锐特药业闯出了一条创新发展之路。作为"技术＋管理"复合型人才，褚定军曾带领奥锐特药业先后完成国家创新基金、国家重点新产品计划、浙江省重大科技专项、浙江省重点技术创新和浙江省级新产品试制计划等项目，获得我国的发明专利 9 项、美国的发明专利 1 项。

稳定之道，贵在和谐。褚定军自上任以来，与全体员工分享公司发展成果，让员工以在奥锐特药业为荣。在奥锐特药业，以人为本推动构建和谐企业，企业爱员工，员工爱企业，两者形成了良性互动。

优秀校友褚定军，振兴民族药业，一直在路上。

执笔人：化学工程学院 2020 级化学工程与工艺专业　步晨姣

指导老师：化学工程学院　黄钧辉

高飞

创新创业理念

做企业不光是为了赚钱，更要能为人类健康作出贡献，履行企业应有的社会责任。

高飞，男，1974年2月出生，浙江萧山人。1997年毕业于浙江工业大学生物化工专业。现任杭州奥泰生物技术股份有限公司董事长、总经理。

1998年6月，进入艾康生物技术（杭州）有限公司工作，历任研发主管、研发经理、研发总监、研发副总经理。

2005年12月—2011年4月，任艾博生物医药（杭州）有限公司总经理。

2011年6月—2014年6月，任杭州生物医药国家高技术产业基地投资管理有限公司常务副总经理。

2014年7月，创办杭州奥泰生物技术股份有限公司，并任公司董事长、总经理。

被评为"新世纪151第二层次人才工程"培养人员、"新世纪131第二层级人才工程"培养人员、杭州十大科技创新新锐人物、杭州市享受政府特殊津贴人员、杭州市先进科技工作者、杭州"万人计划"科技创业领军人才、浙江省优秀企业家。担任杭州医药港商会会长。获得公安部科学技术进步奖一等奖、浙江省科学技术进步奖二等奖、杭州市科学技术进步奖二等奖等奖项。2021年5月被选为钱塘区第一届人民代表大会代表。

以志向为驱动，化无限为可能

——记生物化工专业 1997 届校友　高飞

创业范例

"只要人存在，我从事的产业就有意义。"从最初对生物工程满怀赤诚的热血少年到如今国内POCT（即时检测）市场的领军人才，高飞用短短 20 年的时间推动了中国体外诊断技术不断进步。面对国外的技术壁垒，高飞选择了"自我突破"。一路走来，他用行动证明自己还是曾经那个炽热、坚定的少年。

自公司上市以来，面对喧嚣浮华的资本市场，高飞不曾迷失其中，始终保持着自己的热爱与勇气，将一切阻碍化作动力，带领团队更加投入地推进新技术的研发，一步步坚实地迈向梦想的彼岸。

青葱岁月，不负青春年华

一个人在一生中会被贴上无数个身份标签。从优秀的学生变为敢于突破创新的创业者，再到执掌大型公司的企业家，高飞用他的求学和创业经历写下了一份精彩的答卷。

对于大学生活，高飞认为，学习是重中之重，兴趣是最好的老师。从本科到研究生，高飞的 7 年光阴都留在了浙江工业大学。在浙工大就读期间，他始终坚持把学习放在第一位，身体力行，践行"艰苦创业、开拓创新、争创一流"的三创精神。大学学业无疑是忙碌的，虽然课程类型不多，但课时密度大、数量多。不少同学由于刚刚摆脱高考的压力，难免自由散漫，高飞却在大学伊始就展现出了自律和坚持。他以一丝不苟的态度对待每一门专业课程，同学们眼里一串串枯燥乏味的公式与反应方程，却成了他心中打开新世界大门的钥匙。在相对空闲的课余时间，他也不松懈，日日往返于图书馆与实验室，不知疲倦地徜徉在知识的海洋中。

"我当时就觉得生物工程和互联网是新世纪的朝阳产业，我为能在生物工程类专业学习感到开心，因为它始终致力于为人类健康做出贡献。"对于自己所选择的专业，高飞有着浓厚的兴趣和期待。他认为找到自己的兴趣所在是学生学习的关键，"着眼于长远的发展目标，发挥自己的特长，你就有能力为国家做出更多贡献，同时也能实现更大的自我价值"。秉承着这一价值观，找准方向的他便义无反顾地开始了追寻梦想之路。

为了能够在自己感兴趣的生物领域追寻更多的知识，他在本科阶段就坚定了继续读研深造的目标。在浙工大求学的阶段是高飞专业筑基的黄金时期。他以兴趣爱好为支点，撬动自我潜能，不仅努力学习生物学知识，实践大量生物类实验技术，更树立了"激情求解、探索未知"的人生态度。他说："大家要珍惜宝贵的大学时光，把更多时间花在获取知识、培养兴趣爱好、积累学识和提升能力上，为以后步入社会做好准备。"同时，提早进行合理的生涯规划也不可或缺。高飞正是在自己制订的学习成长计划的指引下，一步一个脚印，不断完成阶段性目标。把握当下，展望未来，使高飞逐渐有了更清晰明确的目标和方向。

职场初成，展露创业艺术

1997年从浙工大毕业后，高飞加入了艾康生物技术（杭州）有限公司，带领团队累计开发了100多个新产品，承担了多个国家、省、市级研发项目。此后，他又于2004年组建英克隆生物技术（杭州）有限公司，以公司研发部总经理的身份带领团队累计开发了80多个新产品，在职场初露头角。

自2005年高飞出任艾博生物医药（杭州）有限公司总经理以来，公司在他的带领下已发展成为全球规模最大的快速体外诊断试剂产品的生产和研发基地。

2014年，高飞敏锐地觉察到我国在临床即时检测技术领域的空白，下定决心选择了一条充满荆棘的道路——自主创业，毅然创建了杭州奥泰生物技术股份有限公司（简称奥泰生物）。

创业之路并不是一帆风顺的。高飞也曾遭遇过每一个创业者在创业初期都避不开的三大难关——技术、资金、市场。但他并没有因为困难而退缩，相反，他将攻克难题比作一个查漏补缺、不断学习的过程。通过广泛借鉴与探索生物医药龙头企业的管理策略、管理模式，高飞找到了自己的公司与龙头企业之间的差距，并主动采取措施弥补不足，不断提升。对他而言，创业并不是一门科学，而是一门永无止境的艺术。他深切热爱着这项充满艺术性的工作。同时，作为一个十足的行动派，他乐于且善于用行动将想法转变为现实。他相信只要脚步不停、奋斗不止，就能在创业的道路上一路长虹。

"艰难困苦，玉汝于成"，历经磨炼，终成大业。经过几年的苦心经营，奥泰生物如今已经成为一家高新科技技术企业，拥有强大的技术研发和创新能力。公司共有800多项产品，以新一代疾病标志物与毒品代谢物超敏快速免疫诊断试剂为主，包括女性健康监测、肿瘤标志物检测、传染病检测、药物滥用检测、心肌标志物检测等多个系列，所有产品均由公司自主研发完成，达到国际先进水平。其中，多项产品已获欧盟CE、美国FDA等认证，畅销全球150多个国家和地区。值得一提的是，艰难梭菌、卡芬太尼、牛布鲁氏菌、血斑毒品检测等新一代疾病标志物和毒品代谢物超敏快速免疫诊断试剂为全球唯一。另外，维生素D、乙基葡糖醛酸苷、麦角酸二乙基酰胺、丙种羟基丁酸盐、钙防卫蛋白等快速检测试剂已达到国际领先水平。

2021年3月，奥泰生物在科创板成功上市。在上市仪式上，高飞表示："奥泰生物始终坚持'愿以最合理的价格提供最可靠的体外诊断试剂'，今天，奥泰生物成功登陆国内资本市场，必将为公司未来发展开创更好的局面。但成功上市不是终点，而是新的起点，鞭策我们不忘初心、抓住机遇、继续努力，持续提升产品质量，不断创新突破，服务社会，为全人类的健康贡献一份力量。"

以人为本，树立行业典范

"生物工程产业涉及面很广，涉及医药、食品、农林、园艺、化工等，但都是围绕着为人服务的这个根本需求出发的。我认为只要人存在，这个产业就一定会高速持续发展。"高飞在谈及生物产业发展前景和公司的运营理念时，反复强调了"以人为本、为人服务"的根本理念。对自身从事的产业，他有着深刻独到的见解。他认为生物产业不单单是为人类提供一些基础的诉求，它的发展与其他的经济产业息息相关，能掀起一场改革。

基于这样的理念，高飞对生物产业的发展所能带来的正向变革充满信心，他相信只要生物产业能紧紧围绕"以人为本"的中心思想发展壮大，世界的明天将变得更加美好。

行业典范的背后，是坚实的研发支持。持续不断的科技创新为高质量发展注入了强大动力，成为打造世界一流企业的重要推力。

高飞作为董事长，更是公司的核心技术人员，已经从事生物医药研究20多年，并先后主持了10多项国家级、省级、市级重大科技项目。在日常工作中，他总是深入生产一线，于生产实践中发现问题，了解生产单位的需求，并据此定下攻关方向。

长期高端海外市场的开拓经历使得奥泰生物的产品研发思路渐趋清晰、成熟，同时，作为研发者的高飞在企业管理、质量管理、市场分析等方面也有了较大程度的提高。在国内POCT市场快速发展的大背景下，这些经验的积累将在未来市场的开拓过程中发挥举足轻重的作用。

高飞在生物医学工程方面付出的努力与获得的成就将为国内同行提供借鉴，以点带面，推动我国生物医学工程产业实现新飞跃，提升我国在世界生物医学工程产业中的地位。目前，奥泰生物的产品研发技术处于国际领先水平，发挥其示范引领作用将促进国内生物医学高水平技术成果的产业化发展，有效扭转高端产品依赖进口的局面。

勇于担当，积极回报社会

企业家才能和企业家精神是影响企业成长的重要因素。勇于承担社会责任是企业家精神的重要内涵。高飞用实干诠释担当，在创造就业机会、促进地方经济发展的同时，积极投身公益事业，充分体现了责任感和使命感。

新冠疫情防控期间，他积极作为，主动担当，在物资捐赠、防疫物资供应等方面做出贡献。2020 年新冠疫情暴发之初，高飞于第一时间追加专项研发资金，带领公司研发团队开发出了多种新冠病毒检测试剂并出口到各疫情国家，助力全球疫情防控。奥泰生物的业绩也由此获得了暴发性增长。在抗疫物资短缺的情况下，他组织公司捐赠一次性手术服 100 套及善款 100 万元；之后，又陆续捐赠善款约 54 万元及新冠抗原检测试剂 180 万支。

一大批践行企业家精神的优秀企业家及其领导下的具有国际竞争力的企业，是我国经济持续发展、人民生活不断改善的核心支撑与关键力量，是实现中华民族伟大复兴的重要基础。高飞和他的公司亦是其中之一，以助力社会发展为己任，将个人利益、企业经营融入社会的整体利益之中。

他积极关注青少年教育。2021 年，奥泰生物向杭州林启教育发展基金捐助 100 万元，支持教育事业的发展。他关爱企业员工的个人发展及其家庭，心系困难员工生活，帮助他们解决生产生活中的实际问题。例如，当得知员工因患病而存在巨大的经济压力后，他发动全体员工捐助，增强了企业凝聚力、向心力。

高飞还为中国禁毒工作做出了重大贡献。那是在他工作 3 年后，他迎来了自己的首个重大项目——研发毒品检测工具。彼时，高飞和他的团队是国内第一批从事这项研发工作的人员，研究检测对象是吗啡，但由于当时国内没有有效的检测手段，研发过程困难重重。经过夜以继日的攻坚克难，最终，他们成功研制出了简易检测吗啡的手段，只需将被检测者的 3 滴尿液滴于检测工具上，5 分钟后，根据变色程度就能很快查出其体内是否含有吗啡。凭借该项研发成果，高飞被授予公安部科学技术进步奖一等奖。

上述种种负责任的实践行动不仅回应了社会对企业家的殷切期望，也带动了企业的发展。

心系母校的高飞时刻关注着生物工程学院的发展。他多次接受学院邀请，返校为学弟学妹们做经验分享，频繁做客学院"校友讲座"，积极参与学院招生宣传片拍摄，为新生录制欢迎视频等。结合自己多年来的求学创业经历，高飞指出："每个人都有无限的潜力，只要我们有志向有追求，就要相信自己的能力，志存高远，全力以赴。"他希冀广大生工学子秉持砥砺前行的风采，在学习和探索中不断提升自我，以科技创新报效国家。

　　无可阻挡的热血加上想要不断进步的决心和坚持，最终创造出来的就是奇迹。身处瞬息万变的资本市场，彼岸是星辰大海，此岸是风霜雨雪，唯有看定目的地，背上行囊坚定地出发，才有可能奔赴光明的未来。高飞有着清晰明确的自我认知，乐于将兴趣化作实践的驱动力，善于利用困难提升自己，失败对他而言是一次更深刻地认识自我的契机。一次次经验总结之后，他沉下心性，厚积薄发，不断带领公司推出新兴技术和产品。泥泞的土地会留下坚实的脚印，那些在光阴里干涸了血汗的足迹，连江海的浪潮也不能抹去。

执笔人：生物工程学院 2021 级生物与医药专业　郑轶烜

指导老师：生物工程学院　王　方

案例分析

　　近年来，生物诊断试剂市场的竞争日益激烈，而由高飞带领的奥泰生物无疑是该领域浪遏飞舟的弄潮儿。人们也许只会感叹新时代造就了这位幸运儿，殊不知在这一切光鲜亮丽的背后，高飞付出了多少心血和汗水，他如今取得的成就是厚积薄发的必然结果。机会总是垂青有准备的人，早在浙江工业大学生物工程学院的求学时光里，高飞就时刻准备着，渴望在自己深爱的生物领域里闯出一片天地。

　　世上没有所谓的一蹴而就，高飞的成功源自多方面的因素。初心热爱驱动下的坚持不懈和创新探索是他功成名就的首要条件。在浙工大学习期间，他一直保持着永不枯竭的学习热情。为了琢磨透一个问题，他可以牺牲休息玩乐的时间，去查找文献、请教老师，或是自我摸索。追寻自己的兴趣看似简单，实则需要付出持之以恒的辛勤努力，很多人往往在遭遇挫折后便逐渐丧失了前进的动力，高飞却将探索的过程当成一种享受。当周围的同学还在学习如何掌握课堂知识时，高飞已经自发在课外知识的海洋中探索遨游。这种由兴趣激发的探索动力也一直驱动着创业路上的他。在奥泰生物创立初期，他就专注于底层平台技术的研发。即使到了公司的生物诊断试剂产品线品类繁多、覆盖全面的今天，高飞对核心技术的研发也从未止步，更是在现有基础上加大投入力度，以不竭的创新动力促进品牌核心价值的提高。

　　敏锐的市场嗅觉和雷厉风行的强大执行力是一位优秀企业家不可或缺的能力和素质。从浙工大毕业后，他不甘于平凡安稳的生活现状，在经过几年的工作积累后，走上了充满挑战的自主创业之路。当时，国内的生物诊断试剂领域的大多数核心技术一直被外企垄断。高飞结合自身的学习工作经验，凭借着独到的发展视角，当机立断，带领公司在国内生物技术市场发展初期站稳脚跟。

　　拥有强烈的爱国情怀和民族责任感是高飞成功的另一大原因。彼时的外资企业独大让他深刻意识到，中国人如果想要在未来的生物产品行业有一席之地，就必须拥有我们自己的核心技术。然而多数企业不会将资本大量投入风险和回报不可预料的技术开发领域。高飞在创业之初就以发展中国生物医学工程产业为己任，通过十年如一日的潜心研发，引领我国体外诊断试剂产品达到国际领先水平。

　　保持成功的关键在于成功后的态度。高飞在取得一个个引人注目的成就后并没有迷失自我，而是始终保持着感恩谦逊的态度回馈社会。新冠疫情暴发期间，他第一时间捐款捐物，同时追加专项研发资金，带领研发团队开发出多个新型冠状病毒检测试剂，助力全球疫情防控。他深知"教育是立国之本、强国之基"，便格外关注青少年教育，时常捐助教育发展基金，也经常应母校邀请向同学们分享自己的创业心得和人生经验。

　　以热爱之志为驱动力，化企业家的实干为可能性。扎根在技术研发的深海中引领生物产业的潮流，胸怀国家发展的民族责任感回馈社会，高飞将在自己钟爱的领域里带领奥泰生物努力实现自我价值，熠熠生辉。

执笔人：生物工程学院 2021 级生物与医药专业　郑轶烜

指导老师：生物工程学院　王　方

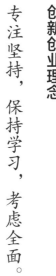

倪强

创新创业理念

专注坚持，保持学习，考虑全面。

校友简介

　　倪强，男，1976年1月出生，安徽马鞍山人。1998年毕业于浙江工业大学应用电子技术专业，并被评为浙江省普通高等学校优秀毕业生。现任横店集团得邦照明股份有限公司董事长，兼任浙江横店得邦进出口有限公司董事长、杭州得邦照明有限公司董事长、东阳得邦照明有限公司董事，同时任中国国际商会东阳商会副会长。

　　1998年毕业后，就职于浙江横店进出口有限公司，曾任业务经理、电子部部长、副总经理。

　　2011年，加入横店集团得邦照明股份有限公司，并于2013年1月起任公司董事长。

　　获全国电子信息行业杰出企业家、中国照明电器行业优秀企业家、"十二五"轻工业科技创新先进个人、东阳市经济建设杰出人物、东阳市功勋企业家等荣誉。

自强不息，照亮创业前路

——记应用电子技术专业 1998 届校友　倪强

创业范例

相比起家喻户晓的子公司横店影视城，同为横店集团旗下子公司的得邦照明股份有限公司（简称得邦照明）显得低调不少。也许是因为得邦照明的主要业务不在国内，即使作为一家年销售收入突破 20 亿元的大型照明企业，业内对得邦照明的了解也少之又少。

2017 年 3 月 30 日，上海证券交易所内华灯溢彩，得邦照明董事长倪强与横店集团董事长、总裁，东阳市委副书记、市长，共同为得邦照明上市鸣锣开市。它是横店集团旗下第四家上市公司。这是得邦照明跨越式发展史上的一个里程碑，董事长倪强也迎来了事业的又一个高峰。

那么他是如何成为一名优秀毕业生，又是如何从跟单员一步步成长为上市公司董事长的呢？回溯自己的学习以及工作经历，他分享了诸多感悟。

锐意进取，初露锋芒

蓬皮杜曾言："命运就是对一个人的才能考验的偶然。"倪强经住了考验，也抓住了机会。那一年，倪强遇上浙江工业大学第一次省外招生。抱着对物理的热爱，加之当时与信息相关的行业方兴未艾，倪强毅然决然地选择了浙江工业大学信息工

2017 年 3 月 30 日，得邦照明在上海证券交易所上市

程学院的应用电子技术专业。

1994 年秋天，意气风发的少年独自离开家乡，踏上了一段未知的学业之旅。大学校园里的一切对于倪强来说都是那么的新奇，"生机勃勃，万物迸发"是浙江工业大学留给倪强的初印象，在此他开启了属于自己的大学生活。

信息工程融合了多种知识，学科分支广、方向多。和许多同学一样，倪强也曾有过一小段迷茫期，但雾霭终会散去。清晰的目标——成为共产党员与用好大学四年时光，照亮了倪强脚下的路。秉持着这样的信念，在校期间，倪强参加了大学生电子设计竞赛。聊起自己与志同道合的老师和同学一起努力奋斗的那段时光，他感慨道那是他的大学生活中最充实的一段时光。

得益于浙江工业大学浓厚的学习氛围与优渥的师资力量，倪强在大学期间养成了砥志研思的学习习惯，坚持学习也成为他成功的一把钥匙。倪强在谈及自己的学习方法时特别强调了管理时间的重要性。"谈不上什么特别的学习方法，我觉得重点在于管理好自己的时间，在不同的时间做应该做的事情即可。"同时他也提到，大学图书馆是很好的学习场所，应当好好利用图书馆的资源。超越常人的坚毅与刻苦使他获得了"浙江省优秀毕业生"的称号。

踏实肯干，超越自我

1998 年毕业后，一些外企、国企和私企都向倪强抛来了橄榄枝。经过一番抉择，倪强最后加入了浙江横店进出口有限公司。"选择民营企业是因为觉得工作氛围更轻松，发展可能性也更大。选择照明行业是因为当时照明行业刚刚开始发生新技术推动下的行业变革。"

正所谓"万事开头难"，刚刚加入进出口公司时，倪强仅仅是电子部的第五位员工。最开始倪强的任务是做单据。虽然只是一名小小的跟单员，但倪强觉得不论什么职业，把简单的事情做好便是成功。"我刚从学校毕业，只要能够学到东西就好。它是我的第一份工作，是我精神的寄托、工作的承载，它已经融入我生命之中了。"

在进出口公司工作的这段时间，也是倪强成长最快的一段时间。"在进出口公司，开完会议或者离开办公桌，站起来后就要把椅子推回去，若不推回去，罚款 50元，衬衫脏了也罚款。那时候我们一个月工资就 600 元（转正后 900 元），一次就罚 50 元，就这样被逼着养成基本礼仪习惯，把不好的习惯改掉。"从跟单员到上市公司的董事长，倪强在这个过程中愈来愈注重把小事做细，把细节做透。

虽然早已脱离校园，但倪强也不忘学习。他认为坚持学习是获得成功的基石。"每星期六上午，我们就去公司学习英语，还相互比谁记的单词多。"回想刚开始的那几年，倪强笑言大约两年时间里，他只赢了同事一次，却养成了他坚持学习的习惯。他谈道："工作的过程本身也是不断学习的过程。建议大家要管理好自己的时间，养成做笔记和个人总结的习惯，并不断审视现在的自己是否比以往有进步。"

一次与领导主动沟通的机会，终于让倪强迎来了属于自己的那束光。他想起自己刚加入进出口公司电子部时，对公司的业务并不了解，于是就带着疑问主动与领导、前辈交流沟通。当韦总告诉他："徐永安总裁的目标就是想把得邦照明做成照明产业中的龙头企业，只要努力，一定有机会做出一番事业。"那一刻，倪强对自己今后的职业发展前景和自身价值有了明确的目标。

拼搏专注，勇担重任

韦总的一番话反复在倪强的心头回荡，小小的目标在他心里生根发芽。每天在完成自己的本职工作后，倪强坚持加班寻找客户。那时的互联网还不如现今发达，办公室里没有宽带网络，唯一能与用户取得联系的就靠一根电话线。由于上班时电话占线，外部电话无法接通，倪强只能等下班后拨号上网寻找客户，但每次发出去的邮件基本是石沉大海。"发邮件后，基本上98%没有回复，有回复的只有2%。这2%里面，若是20封回复，有19封说你发错了或者说他们没兴趣，有1封让你给他寄目录。也就是说，发出的邮件基本上只有千分之一的机会能找到真正的客人。"

华兹华斯曾言：一个崇高的目标，只要不渝地追求，就会为壮举。倪强并没有被石沉大海的邮件所打倒。在接下来的两年时间里，倪强仍每天发邮件寻客户。每一个沉默的夜晚都是倪强努力付出的见证，倪强坚信持之以恒地付出终会得到回报。功夫不负有心人，终于在2000年，倪强接到了第一笔订单。"我接到了第一笔订单——1008只节能灯，激动得一晚上没睡觉。经过努力，终于收到了回报。"后来，倪强也曾专门前去拜访那位他一生中最特殊的用户。"这个客户叫BICAD，是纽约州的一位老人家。他和我做生意时已经80岁了。"

就这样，倪强迎来了自己工作生涯中的第一个身份转变。业务员的工作不似跟单员那样轻松，前仆后继的工作任务也让倪强措手不及。"业务员工作繁忙，甚至一天基本不喝水，因为根本没有时间上厕所。"成为业务员的倪强一天的工作生活大多是在写邮件中度过的，即使在十几个小时的飞行途中也一直坚持写邮件。"为了能一直写邮件，每次长途飞行时我都带3块电池板。一趟飞行13个小时，我可以写200封邮件，到了酒店，第一件事情就是找拨号网络把邮件发出去。"但凡辛苦都是礼物。在倪强的努力下，公司开始了与飞利浦照明、松下照明等企业的合作，至今这些客户仍是得邦照明的核心客户。

努力与机遇总是同时抵达的。正当倪强全力开拓市场时，他迎来了工作生涯中的第二个身份转变。一天，领导突然给了倪强一个他从未想过的机会——担任进出口公司电子部部长，这对于倪强来说无疑是一个巨大的挑战。但倪强并没有退缩，一向热衷于挑战自我的他毅然决然地接下了这个任务。"走上管理岗位，你整个人的视野、考虑问题的角度是不一样的，你的角色是不一样的，你心里面的预期也是不一样的。"担任电子部部长时，倪强遇到了不少困难与挑战，但对于倪强来说，没有这些困难与挑战的磨砺，也就没有今天的自己。经过多年的沉淀与历练，2013年，倪强因其突出的管理能力和市场敏锐度，出任得邦照明董事长，带领得邦照明进入新的发展阶段，倪强也由此迎来了个人事业的巅峰。在国际电子市场，尤其是照明领域多年的摸爬滚打，让倪强拥有对照明行业的深刻理解以及对未来趋势的准确判断能力。他带领得邦照明在保持节能灯行业龙头地位的同时，抓住半导体照明产业发展的最佳时机，并逐步探索新兴的、前瞻性的智慧照明领域。

值得一提的是，倪强进入得邦照明后做的第一件事就是制定五年战略，这一项措施也是得邦照明能快速发展成为行业龙头的原因之一。即使成为了得邦照明的董事长，倪强也没有停止学习，而是更加深入基层车间实地与工人学习相关技术。"定好战略以后，2013—2015 年，我每个星期在横店待 4 天，每天从早上 9 点钟待到晚上 9 点钟，基本上有一大半时间在工厂里。我不懂嘛，就在下面学习。"在倪强的管理下，得邦照明业绩有了质的提升。得邦照明销售收入 2013 年突破 24.6 亿元，2015 年突破 30 亿元。2016 年，面对外贸行业和照明行业整体下滑的不利形势，倪强果断采取措施，带领公司攻坚克难，销售收入达到 32.3 亿元，巩固了公司在照明行业的龙头地位。

经过多年的努力与付出，在倪强的眼里，得邦照明早已不仅仅是他的一份事业，更是他肩上的一份责任。倪强回忆起他与同伴并肩从证监会走出来，以及最后得到通知公司上市的申请成功过会时他给领导发了"不辱使命"四个字的情景，并说："那一刻，我们反而很平静，因为我们承载的东西太多了。在集团这么多年的支持下，我们要给大家、给团队一个交代。我觉得这对我、对得邦照明来说，是个历史性的责任，还好这个使命完成了。"

攻坚克难，共赢之道

从小小跟单员到得邦照明的董事长，倪强将自己的成功归功于机遇与自身的努力。人的一生是短暂的，能在短短的一生中遇到自己的伯乐，倪强认为自己是幸运的。身为得邦照明的董事长，他总是把眼光放得长远些，不着眼于自身的短期利益，而是站在公司员工、客户及行业的角度考虑事情，深谙合作共赢的重要性。在他的带领下，得邦照明在行业内获得了较高的知名度与美誉度。

作为得邦照明的董事长，倪强真正践行了言传身教的工作方法。他用自己的言行为员工做出表率，将合作共赢的理念贯彻到实处。得邦照明通过培养员工的工作热情与归属感，增强员工的凝聚力，塑造了优秀的企业文化。倪强始终秉持着"快乐工作，健康生活"的管理理念。为此，得邦照明投资建设了图书馆、足球场、篮球场、活动室等基础设施供员工使用，同时全年不间断开展各类文体活动。每位员工既能潜下心来认真工作，又能激起意志好好生活，这是得邦照明能不断发展前进的重要因素之一。

曾经，得邦照明的一家供应商陷入了危机，得邦照明并未趁机压价或减少采购量，而是维持了合同原来约定的采购数量，帮助这家供应商渡过了难关。而后来当得邦照明遇到困难时，这家供应商表示所有的配件将优先供应给得邦照明使用。

得邦照明能够越走越远，离不开公司内部的相互帮扶，也离不开公司在客户面前树立的良好形象。倪强认为，合作共赢的重点不在于"合作"，而在于"共赢"。"打造公司与客户之间的良好关系的重点是需要站在客户的立场上思考如何为客户创造价值。"这是倪强根据多年业务拓展经历所总结出的商业秘诀。他说："无论提供什么类型的产品或服务，都需要专注于用户体验，不能一成不变，也不能盲目追求创新，需要认真倾听、理解、尊重并不断满足用户的需求。"倪强在保证用户

倪强在考察

体验、满足客户需求方面做到了极致，"必须为客户创造价值，为用户提供优质体验。"正是这种合作的理念，重合同守信用，不投机取巧，不损害供应商、客户和合作伙伴的利益，让得邦照明一步步成长为照明行业的巨无霸。

"没有一家企业能占据整个市场，也不可能把所有的环节都拿来自己做。"倪强谈道。企业承担得起多大的责任，就能获取多少利润，在看见利润的同时更应该看见利润背后所隐藏的看不见的风险。即使在我们做得最好的国外市场，得邦照明也一直选择与当地的代理商合作，共担风险，共享利益。"选择代理商从表面上看是损失了一部分利润，但是从另一方面来说，代理商承担着物流、仓储、质量及渠道保障等带来的诸多风险，这部分风险相对应的利润应该让代理商享受。只有这样，才能把市场做得更大，从而实现与代理商的双赢。"从市场情况来看，目前国内照明企业既在国外市场直销，又自己开设分公司进行运营与管理的模式取得成功的案例少之又少。每个国家和地区的市场都有其自身的独特性，克服水土不服的最好办法就是选择当地优秀的合作伙伴。在国内市场，得邦照明也会采用寻找合作伙伴或者收购兼并的方式，而不会独自从零做起。

正如横店集团秉持的初心——专注打造"千亿集团、百亿产业"，倪强说："我的任务、我的使命就是扎扎实实地把得邦照明做成中国照明行业里人人尊敬的公司、可持续发展的公司，扎扎实实、一步一个脚印地做百年品牌。"

执笔人：信息工程学院 2021 级通信工程专业　徐陈锞

指导老师：信息工程学院　仲国民

案例分析

对于许多人来说，倪强的经历犹如一部奋斗主义者的小说——从小小跟单员蜕变成引领公司发展的领头羊，倪强踏实地走好脚下的每一步路，不断挑战自我，超越自我，迎来事业一个又一个高峰。倪强的成功不能仅仅归功于机缘二字，倪强在工作上表现出的超乎常人的坚毅才是他成功的关键。在做跟单员时，若非倪强数年如一日的加班，就没有两年之后获得的第一笔订单，与其说是那位来自纽约州的老先生给了倪强一个机会，不如说是倪强日复一日的辛苦付出使他抓住了机会。

一个良好的习惯在个人成长的方方面面都起着重要的作用。学生时代的倪强学会了时间管理，并将此运用在工作中。走上管理岗位后，倪强把时间管理用到了企业管理上，正是他优秀的时间管理能力，使得他在接手公司时也能胜任相关工作。倪强也强调了不断学习、终身学习的重要性。他在刚入职时，每周都会抽出周末时间学习英语，与同事"切磋"词汇量。这些学习提升了倪强的工作能力与素养，为日后具备足够的能力去寻找大客户打下了基础。倪强的身上还有不畏困难、勇于挑战的精神。不论是暗自许下心愿，从小小的跟单员转变为业务员时所走过的艰辛，还是成为董事长时为开拓公司所付出的努力，倪强职业生涯的大部分时间都在挑战自己、超越自己中度过。

一个人的生活和事业不可能一帆风顺，有挑战就会有困难与挫折，甚至是失败。而困难与挫折正是生活对人心的一种考验。"正面困难，心态积极，寻找解决方案；洞察环境，独立思考，自我审视。"这是倪强在应对困难时总结的方法。

谈到电子信息及相关行业的发展前景时，倪强认为，以往我们熟悉或者习惯的稳定的外部环境已经改变。外部环境、行业环境和企业自身都充斥着变化与不确定性。从企业自身角度来说，首先要从不确定性之中找出确定性；其次要不断学习进步；最后要始终落实客户的需求，关注客户、服务客户。从行业角度来说，"智能化、健康化和可持续发展"是行业的主旋律。此时，赛道的选择就显得十分重要。在校大学生应该时时关注社会行业变革与发展，关注市场重点，树立灵活的就业观，选择适合自己的工作。

二十多年的艰苦创业，是一次次克服挑战、书写辉煌的历程；二十多年的奋斗拼搏，是一条条从无到有、从小到大、从弱到强的荆棘之路。从跟单员到董事长，时光见证了倪强的奋斗，也回报他以成功。倪强和得邦照明在追求梦想与卓越的道路上将始终如一，不忘初心。

执笔人：信息工程学院 2020 级电气工程及自动化专业　范嘉怡

指导老师：信息工程学院　倪　彬

郑乐进

创新创业理念

你的人生定格在哪里，取决于今天你希望成为一个什么样的人。

郑乐进，男，1981 年 5 月出生，浙江丽水人。2004
年毕业于浙江工业大学自动化和国贸（3+2）专业；2011
年获浙江大学工商管理硕士学位。现任杭州莱宸科技有限
公司法定代表人、执行董事长。

2004—2010 年，就职于华立集团股份有限公司，任
战略发展部投资经理。

2011 年，任杭州贝特燃气表股份有限公司副总经理。

2012 年至今，担任杭州莱宸科技有限公司法定代表
人、执行董事长。

2008 年获华立集团股份有限公司"销售冠军"称号。
2018 年带领杭州莱宸科技有限公司获评国家高新技术
企业。

十五度偏移，造就不同人生

——记自动化和国贸（3+2）专业2004届校友 郑乐进

创业范例

杭州莱宸科技有限公司（简称莱宸科技）成立于2012年4月。在成立后的9年多里，莱宸科技始终坚持在研发端持续创新和投入，已取得了70多项专利和软件著作权等，陆续被评为国家高新技术企业、杭州市专利示范企业等，在智能水、气表出口领域处在行业领先水平，产品出口30多个国家。

人生如梦，他把握机会，书写"莱宸"华丽篇章。

一路风雨，他目标清晰，开启"智能"全新世界。

"莱"是一种有生命力的野草，"宸"是北极星的所在之处。郑乐进希望公司能如莱草，"咬定青山不放松"，深深扎根以博得一席之地；郑乐进也在等待公司如北辰高悬中天，迸发璀璨光芒。

享受孤独，目标清晰

爱默生曾经说过："如果有两条路，我选择那条少有人走的路。"

2000年网络游戏开始风靡，很多同学课余会选择通过游戏来消磨时间。而郑乐进在那时便选择了那条少有人走的路。攻读双学位的课业压力，加上学生会通讯社社长的职务以及外面的兼职，使他没有那么多时间和同学一起打游戏、打牌。回顾自己的大学生活，郑乐进自嘲地说自己不是一个很合群的人。"进行宿舍调研时，有同学还反映我不合群，不和他们一起玩。"郑乐进回忆道。

恰恰是他的不合群，让他成长飞快。知名主持人宁远说："孤独是非常有必要的，一个人在孤独时所做的事，决定了这个人与其他人根本的不同。"正是孤独，让郑乐进区别于他人。

"双学位的课很多，一星期有43节课，学生会也有工作，甚至会忙到凌晨2点。"无论是在大学求学期间，还是在毕业工作后，郑乐进都尽量压缩娱乐时间。大学期间，他把业余时间留给了自习和校外兼职，积累经验，提升自己；工作之后，他把业余时间留在家庭。对于时间管理，郑乐进的诀窍就是树立一些阶段性的目标，这样才能有的放矢。"有些之前你觉得很枯燥的事情，在长期坚持后就会有意想不到的效果，比如读书的习惯。"郑乐进笑了笑说道。

"大学期间应该培养独立思维，不要盲目从众，世界上很多东西都是由乔布斯这样看起来不怎么合群的人创造的。"学习是探究真理的过程，而娱乐是让这一过程不那么枯燥的工具，在学习和娱乐之间找到一个属于自己的平衡点，才能把生活这部哲学写好。

作为一个"不合群"的人，郑乐进在2021届浙工大信息工程学院毕业典礼上对同学们的寄语是："你的人生定格在哪里，取决于今天你希望成为一个什么样的人。在创业圈子里有一句话是，没有愿景驱动的公司是没有灵魂的。希望在座的同学用终局思维去思考自己的人生，希望你们中的大多数成为社会的精英，也希望少数人能够与众不同。"

把握机遇，勇于创新

2004年，郑乐进从浙江工业大学自动化与国贸（3+2）专业毕业，获得了经济学和工学双学士学位。5年求学经历，铺就了郑乐进创业之路最坚固的基石。他总是步履匆匆，穿梭在教室、图书馆、食堂、宿舍间。虽然兼职和学生事务繁忙，但他的学习成绩依旧名列前茅。可以说，郑乐进青春的每一刻都谱写在了奋斗的乐章上。他不曾辜负在浙工大的每一日，而时间也未辜负他的辛勤努力。

毕业后，郑乐进就职于华立集团股份有限公司海外部，任大区销售经理。在职业道路的第一个舞台上，郑乐进一如既往地全力以赴，并积累了丰富的销售经验。2008 年，他获华立集团股份有限公司"销售明星"称号，并于同年继续攻读浙江大学工商管理硕士学位。在不断提高自我的同时，郑乐进在职业道路上也一路高歌猛进。2010 年，郑乐进任华立集团股份有限公司战略发展部项目投资经理；2011 年，任杭州贝特燃气表股份有限公司副总经理；2011 年，获浙江大学工商管理硕士学位。2012 年春天，在多年的积累之后，郑乐进嗅到了改变的气息。这年 4 月，他发起成立了杭州莱宸科技有限公司。"我发现欧洲智能水表在计量、通信等功能上比较领先，但是国内主要还是聚焦在远程抄表功能上。调研了几个月，我觉得还是可以尝试创业。"谈及创业的原因，郑乐进这样说。

万事开头难，公司起步时期各项事务烦琐艰巨。2013 年，莱宸科技接到了来自巴基斯坦的第一笔订单。但当时莱宸科技只有七八个人，在投入了大半年的时间后，还是因产品同质化、规模差距悬殊而错失良机。经此一役，莱宸科技的团队认识到，价格优势不是长远之计，只有坚持自主创新，才能提高竞争力。经过团队不懈地努力，2014 年，莱宸科技找到了产品迭代升级的第一个突破口——STS（标准传输规范）技术。STS 技术是一种基于虚拟介质进行数据交换和信息传输的预付费方式。在深入分析后，团队发现 STS 技术早已被提出，但在水、气表等表计上仍未深入应用。2014 年，莱宸科技加入 STS 协会。2015 年，莱宸科技迅速完成了第一代产品研发，并获得了 STS 预付费水表以及 STS 预付费售水系统认证。凭借着这套独创的解决方案，莱宸科技在马拉维成功斩获了第一笔 300 万元的订单，并成为埃及最大的水表制造商独家战略合作伙伴。

"我们公司成立的时候，国内的智能水表还是简单的机械表加通信的方式，一些企业也只是简单地把国内的 IC 卡表卖到海外。但莱宸科技的特点是根据客户不同的需求和当地的环境来设计产品，是国内最早提供 STS 分体远传数字预付费智能表的企业。"郑乐进说。

把握住了这个机遇，STS 系列产品成为莱宸科技的第一张金名片。此后，莱宸科技每年以 60% 的营收增速发展，走出了一条属于自己的光明大道。2018 年，莱宸科技被评为国家高新技术企业；2020 年，产品出口至 28 个国家和地区。

要想成为国际型企业，必须拥有独立自主、不受制于人的知识产权，否则再大也会轰然倒下。同时要熟悉国际规则，不能靠补助成长，要实实在在拼实力、拼管理、拼成本、拼技术、拼市场，这才是市场经济。

在郑乐进的设想中，莱宸科技将深入实施知识产权强企战略，加大知识产权创造、管理、运用和保护力度；进一步加强技术创新，激励发明创造，扩大专利数量，提高专利质量，持续增强企业核心竞争力，促进企业在创新发展中做大做强，成为全球化的物联网产品和数据服务提供商。

精准定位，脚踏实地

在谈及新冠疫情对企业的影响时，郑乐进称现在"既是最好的时代，也是最坏的时代"。他说："目前政府对市场经营主体的关注度是空前的高，尤其是对小微企业融资信贷的力度很高。莱宸科技通过信用和杭州市高新担保的组合模式，刚向浦发银行新增了500万元的贷款，而且是用基准利率，我们现在的资金非常充裕。"

虽然郑乐进是一个积极创业的企业家，但对于大学生创业，郑乐进并不是很赞

郑乐进受邀在信息学院本科生毕业典礼上发言

同。他认为，他选择创业这条路是因为他在这个行业从业近10年，对情况已经非常熟悉，并且在这些年里积累了一定的人脉，为今后的创业铺平了道路；另外，当时有四个创业合伙人，组成了一个技术、销售、管理都相对有经验的团队。而大部分大学生对公司运营没有具体的概念，对专业知识的实操能力还欠缺，更不用说管理方面的协调以及对公司定位的准确了。为什么定位准确会更加顺利？对此，他强调小企业创业最底层的逻辑是垄断一个细分市场，就是在一个很小的细分市场上通过自身定位的准确性来获取足够的市场份额。对于那些打算创业的大学生而言，老师或者校友企业家可以对他们创业的思路进行一些点拨，让他们客观认识到风险和机遇并存的局面，进而对创业的风险做出理性评估。这或许会对他们的人生有些许帮助。

郑乐进当时创业选择的是智能水表方向，这并不是一个特别新、特别容易创业成功的行业，因为部分公司已经做到了一定的规模。郑乐进定位了做国外市场，因为当时国内几乎没有公司在做国外市场。他认为，同学们应当牢记"厚德健行"的校训，日省吾身，勇于探索，但面对创业，也要看到其风险所在，脚踏实地找到最适合自己的途径。

优化管理，稳步恢复

企业是市场的重要主体，而企业家可以说是一个企业的统帅和灵魂。面对突如其来的新冠疫情，莱宸科技仍然能够稳步推进组织和业务的发展，在大多数公司纷纷裁员的情况下，依旧选择扩张团队。其中最主要的一个原因是莱宸科技不只关注公司的财务指标，还非常注重内生的组织能力的培育，包括产品的研发和设计能力、品牌和渠道的构建。

在产品研发方面，莱宸窄带物联网NB-IoT表便是莱宸科技的最新研发成果。这款智能水表运用了近年来在物联网界独领风骚的窄带物联网技术，具有广覆盖、高可靠性、高安全性、低成本、低功耗的特点。

在团队维系方面，公司采用了全员持股模式，因而团队非常稳定，已达70余人。而决定莱宸科技能够按照既定战略扩张的另一个原因是莱宸科技的业务模式直接面向终端客户。因此，即便疫情期间订单暂停，销售团队仍然能够对全年的业务量做出准确的判断。在郑乐进的带领下，从 2021 年 5 月开始，公司的运营已经逐步恢复。除了复工复产以外，在后疫情时代下，莱宸科技发展的脚步也并未停止。

执笔人：信息工程学院 2021 级通信工程专业　沈丞琦
指导老师：信息工程学院　仲国民

案例分析

　　叔本华曾经说过："人，要么庸俗，要么孤独。"那些看似不合群的人，他们的内心一般都非常强大。可以说，郑乐进的优秀始于不庸俗的合群，是孤独造就了他的成功。同时，他人性的闪光点一直在感染着我们，不论是一直坚持公益事业的决心，还是为他人带去温暖的胸怀；不论是对人生轨迹的规划，还是决心自己创业的勇气，抑或是能够舍弃的魄力，都让人备受鼓舞。

　　诚然，郑乐进的大学生活在世俗目光里是孤独的，没有游戏，没有懒觉，只有兼职、学习和学生工作的三点一线。但正是这丰富的经历给予他脱颖而出的资本。郑乐进大学期间曾有过一次兼职面试，当时三百人争夺一个文案策划的工作岗位，但郑乐进成功被选中了。谈及原因，其实并不出乎意料。当时很多大学生找兼职都是现场填表格，对自己的优势、爱好的描述千篇一律，而郑乐进带了一份个人简历，并附上了自己做主编的一份报纸。他认为："其实这是一件很小的事情，可正因为这件小事，我能获得那个岗位。"正如老子所言："天下难事，必做于易；天下大事，必作于细。"

　　郑乐进认为，生活正是由这样一件件小事构成的，但这会让每个人朝着不同方向偏移轨迹。一开始每个人都是平行线，但一些人就是因为这些小事偏移了 15°，每个人沿着这个 15° 走下去，十年后就完全走上了不一样的道路。

　　郑乐进身上除了有不随波逐流的坚守外，还有一颗善良的心灵和企业家的使命担当。古人讲"达则兼济天下"，企业的创造者更应怀有对国家、对民族、对社会的责任和担当。郑乐进说："从企业一个更长久的角度去考虑，做公益能够更好地凝聚团队，因为大家会有一个共同的目标，我们希望在做好企业的同时，去履行一些社会责任。"他始终认为，他所做的这些事情可能会改变一个人的命运："得到帮助，有些人就可能会乐观积极一点，觉得生活没有这么难，对人生不会感到失望。"他的社会责任感、他的善良，都足以让他成为我们学习的榜样。

水是生命之源，我国作为人口大国，也一直是水资源的需求大国。近年来，针对人均水资源占有量少、水资源浪费严重、水污染形势严峻等问题，我国发布了《国家节水行动方案》等一系列政策，国内的智慧管网和智慧水务建设亟须提升。莱宸科技积极响应国家号召，开拓创新，拼搏进取，打造国内、国际双循环相互促进的新发展格局。

在新冠疫情期间，虽然公司业绩明显下滑，但他仍然关注需要帮助的群体，于2020年3月组织团队向湖北红十字会捐赠20万元。为什么要在经济不景气的时候坚持做公益？他说自己当年就是从浙江相对不发达地区打拼出来的，更明白关键时刻帮人一把的重要性。

莱宸科技自成立以来，一直在不断地做着从0到1的验证。正是因为每一步都足够踏实，稳中求进的莱宸科技，截至2021年，公司的年营业收入已超过5000万元，净利润超过千万元。自主研发、技术领先是莱宸科技的真正王牌。郑乐进也在智能水务这一方天地里创造了属于他的传奇。

执笔人：信息工程学院2020级电气工程及自动化专业　刘诗雅

指导老师：信息工程学院　倪　彬

李科

创新创业理念

创业最重要的就是两个字——坚持。

校友简介

　　李科，男，1985年8月出生，浙江象山人。2007年毕业于浙江工业大学电子信息工程专业，曾获"挑战杯"全国大学生系列科技学术竞赛浙江省赛区特等奖。宁波弗浪科技有限公司创始人。

　　2007年毕业后，从事中控车机研发工作并进行首次创业。

　　2018年进行第二次创业，成立宁波弗浪科技有限公司。

引领时代创新精神，为中国制造业崛起而奋斗
——记电子信息工程专业 2007 届校友　李科

创业范例

宁波弗浪科技有限公司（简称弗浪科技）成立于 2018 年。作为一家专注于汽车智能硬件研发、生产、销售的国家级高新技术企业，它致力于为客户提供智能座舱系统和智能驾驶辅助系统的产品及服务。如今，弗浪科技凭借着先进的技术、成熟的经验、完善的制造系统和可靠的品质保证系统得到了众多知名公司的信赖，获得企业工程技术中心认证及国家科技型中小企业认定，被确定为科技型"小巨人"培养企业。在这样一个恢宏的时代，李科与弗浪科技一起，打造华夏经济新动能，开启了智能驾驶辅助领域发展的新篇章。

起步，热爱为基

李科是浙江工业大学最早一批入驻屏峰校区的学生。回忆起那时光景，他依然能记得当时还在修建中的屏峰校区到处可见建设工地。这样的校园显然与李科一开始想象的有些不同，因此，起初他感到颇为失落。然而随着与新同学日渐熟悉，他很快便摆脱了这种心态。"从大二下学期开始，我就开始慢慢进入学习状态了，那时候我的闲暇时光基本上就在学校的创新基地实验室度过了。"当回忆起大学时光

时，李科这么回答。

在学校时，李科并不是表现非常突出的学生。对此，李科其实也极其遗憾，觉得自己对专业课过度热忱，有些忽视了基础课。他说："其实学校学的基础性知识都是比较重要的，不管是基础课还是专业课。"随后，针对这些知识在实际工作中的运用，他又补充道："但是若想靠学校学的东西在工作中直接大展拳脚，是不太容易的。在工作中，主要的还是学习的能力，要不断地学习，所以在大学时期培养学习的习惯和能力是非常重要的。"

学习之余，李科也会试着做一些简单的"创业尝试"。"我大学里做过手机维修，买了一些手机维修的设备，就通过学校内网论坛发帖接单子，好多同学都来找我修手机。另外，我卖过手机电池，那时候的手机电池是可以拆卸的，我就从学校后面的通信市场去批发来零售给同学们。"正是这样的经历，使李科培养了除专业知识以外的实践能力，为他日后的创业之路奠定了基础。

与大部分大学生对于未来感到茫然无措不同，那时的李科已经规划好了自己人生未来的道路。"毕业的时候想的就是做本专业相关的工作，积累到一定程度后，就想自己创业。"大学毕业后，李科从事的工作是中控车机研发，在这个过程中他不断积累经验，为他的创业打下基础，而在日后的创业中，李科也是沿着这个方向走下去的。

虽然获得了如今的成功，李科却显得尤为谦虚，说是"机缘巧合"，并表示："因为得到了团队和身边人的认可，我做出了一点小小的成绩。当然这些也激励着我不断地往前努力，争取能够做得更好。"

塞缪尔·厄尔曼曾说："青春气贯长虹，勇锐盖过怯弱，进取压倒苟安。"青春是一个人最好的奋斗时刻。青春少年之时，是一个人最适合给自己的未来做出铺垫、打下基础的时候。曾经参加过的电子协会、组织过的电竞活动，都是李科日后创业成功的基石。

大学是个完全由自己做主的地方，需要很强的自我约束力。谈及大学时的为学之道，他说："在大学期间首先要做的便是好好学习，培养自己的自学能力，懂得自我约束，要充分把握这黄金四年。"

对于信息学院的课程设置，他也提出了自己的建议："应该多结合当下比较热门的行业做一些简化，在课堂上将它们与专业课交叉在一起讲授，这样效果会更好一些。"信息学院的学生应该有扎实的理论功底，把数学、电路、模电、数电、信号处理、单片机、汇编、C语言等课程作为重点学好。有了这些基础，再加上一些小项目的实践经历，工作时就会事半功倍。但由于现在的大学课程学科多，分支广，因此他建议各位同学要在"泛学"中选择自己最感兴趣的一门"精读"，做到真正地理解每一个细节。

"学校学的是模型，工作中真正需要的是产品。"工作在广度和深度上要求更高，但这些都离不开基础，即学校里学的知识，此外，学习过程中形成的学习习惯和能力在工作中也是非常重要的。

李科也曾回母校参加过一些活动，对此他感慨道："同学们眼神中的纯净是这个学生时代才会有的。"他表示大家要把握好大学时光，培养自己的习惯，同时也要在这个"小社会"里锻炼自己的社交能力。这些在日后的工作中都非常重要。

工作与学习是相辅相成的。抵达了事业高峰之后，李科仍然感激母校的栽培。他始于浙江工业大学，并不止前行，才能有更广阔的天地任他遨游，由他去创造更大的价值。

行路，初心为本

自 2007 年从浙江工业大学毕业以来，李科先后创业两次。而在第二次创业中，他成立了弗浪科技。

"创业和就业一样，其实就是生活方式不同。"当问及创业时的感悟时，李科说："选择了创业就是选择了一种生活方式。这种生活方式新奇、刺激、充满变数、压力大、工作强度大，过程中有很多不确定性。"

怀抱着这样的想法的李科，在他选择的道路上不懈前行。面对各式各样的挑战与磨难，他始终抱有初心。有人说，李科是一个舍得付出的人；也有人说，李科是一个善于学习的人。无论是学习还是付出，无论是赞许还是嘲弄，他都义无反顾地一往直前。这或许是他获得成功的原因之一。

在那一年，刚刚毕业的李科初次踏入那个陌生的领域时，并没有退缩，而是逐步在汽车智能硬件领域创造出了属于自己的一片天地。

在那个年代，随着人民生活水平和消费能力的提高，汽车产业蒸蒸日上，相关行业得以快速发展。而趁着这股春风的李科，也收获了创业的第一次成功。与此同时，驾驶辅助技术日趋成熟，智慧出行和各种驾驶辅助系统也层出不穷，为李科的进一步创业提供了基础。

到 2018 年，李科第一次创业的公司已经步入正轨。然而他没有安于现状，而是再度激流勇进，成立了弗浪科技。这家公司也成为当时国内较早从事辅助驾驶研究的企业之一。

由于行业的特殊性，弗浪科技对于一些消费者来说很是陌生，但是在汽车行业中显得尤为重要。在科技高速发展的今天，自动驾驶越来越受重视，截至 2022 年，弗浪科技已经凭借着完善的制造系统和可靠的品质保证系统，得到了 T3 出行、滴滴出行、东风汽车、哪吒汽车、长安汽车等众多知名品牌的信赖。与此同时，弗浪科技的辅助驾驶技术也在持续发展中，尤其像辅助驾驶中遇到的感知问题，如摄像头、雷达、激光雷达等，以及传感器融合、路径规划、智能驾驶等问题，都有了清晰的解决方式。

在这个中国经济从"高速增长"转入"高质量增长"阶段的时期，人民对美好生活的追求不仅仅在于数量多，更在于产品背后的科技力高。这些崭新的需求与要求给智能驾驶领域带来了新的机遇与挑战。面对快速发展的新时代，弗浪科技不甘人后，不曾停留在自己的舒适区内，而是选择积极研发、升级产品，以提升产品的核心品牌竞争力来吸引客户、扩大市场。

书痴者文必工，艺痴者技必良。作为技术研究人员，李科不断思索如何才能做得更好。生命在闪耀中现出绚烂，在平凡中现出真实。从技术人员到研发部门的总领队，李科对技术的执着点燃了梦想之火。伴随着这份执着和对行业的希望，凭借着过硬的技术本领和在行业里积攒的人脉，李科把全部心力都投入企业的发展与产品的研发上。

然而人生就像是一次航行，途中必然会遇到突袭的劲风。暴风雨来临之际，该如何稳住航舵是每个创业者都要面对的问题。而李科，便以他坚毅的决心、扎实的技术等成功做到了把稳船舵，乃至更进一步。

通过不断的学习与总结，创业者应具备的品质，李科不仅一样没有落下，而且在某些地方还比其他人做得更好。2018 年至今，短短几年时间里，他深耕企业的建设，坚守初心，用真挚的赤子之心与不断突破的创业精神为自己的创业开辟道路，打造民族品牌，展望更长远的未来。

但对于大学生创业，李科是不太建议的。毕竟创业需要极高的工作水平以及一往无前的勇气魄力，而初入社会的大学生往往很难具备这几点。因此，他建议大家先在大公司里打拼几年，届时，不论是技术、资源，还是资金、人脉都会得到极大的成长，创业的起点也便更高了。

创业确实是刺激、充满变数、压力大的，然而创业成功的喜悦感和成就感也会让你整个人的人生价值得以提升。

创业，人才为主

"三个臭皮匠，顶过诸葛亮"。仅凭一人的微薄之力，是很难完成创业的。李科认为，在创业之时，"最重要的是找到合作伙伴，也就是核心团队。当下创业，不可能是单枪匹马作业的。"这个伙伴可能是你在工作过程中遇到的志同道合的人，也可能是你遇到困难时愿意雪中送炭的人。当然，除此之外，为公司研发做出贡献的科研人才也是电子相关行业公司必不可少的。

2018 年，李科凭借技术、人脉与决心，一心一意投入企业发展与产品研发里去。然而创业之路注定不简单，除了自己过硬的实力，李科还需要招募更多的科研人才。

古今中外，治国也好，治企也好，得人心者得天下，失人心者失天下。尤其是对于正在发展阶段的高新技术企业而言，仅拥有优秀的领导者远远不够，因为它们对人才的需求要远远超过别的行业。这一点，李科也心知肚明——人才是企业发展不可或缺的要素。

企业应当把科技作为第一生产力，把人才作为第一资源，把品牌作为第一形象，这样才有竞争的资本。为了达成这个目标，李科先后与浙江大学、浙江工业大学达成合作，从这两所浙江省著名高校中获得人才；并请浙江大学教授等给弗浪科技提供技术支持和企业管理经验。

同时，为了增强员工对企业的归属感与认同感，弗浪科技会对新员工进行驻外培训，以加强员工对公司经营理念、工作方向的理解，并为解决实际工作问题提供更好的帮助。除此之外，弗浪科技还会选择一些有经验的人才，让他们进行深造，帮助他们在工作的同时继续学习。

作为企业管理人员，李科从员工角度考虑，对员工最看重的福利毫不吝啬。只要员工在项目中取得成绩，公司就会给予实质性的回报，这样既能帮助员工获得成就感和认同感，也鼓励了员工的积极性，对企业的发展形成了良好的推动作用。

大雁群飞头雁领，百尺竿头更发扬。在李科的带领下，弗浪科技的所有员工爱岗敬业，忠诚担当。让员工有自信、有荣耀、有未来、有归属，让员工与企业共发展，这是弗浪科技的信念。也正是有了新鲜血液的输入，弗浪科技才能实现企业的管理传承与精神传承，更好地满足市场需求，保持稳步发展。

成功，匠心为道

我国自古就有尊崇和弘扬工匠精神的传统。"如切如磋，如琢如磨"反映的就是古代工匠在雕琢器物时执着专注的工作态度。经过千年岁月洗礼，这种精益求精的精神品质早已融入中华民族的文化血液。

曾几何时，工匠是一个中国老百姓日常生活中须臾不可离的职业，木匠、铜匠、铁匠、石匠、篾匠等各类手工匠人用他们精湛的技艺为传统生活图景定下底色。随着农耕时代的结束，社会进入后工业时代，一些老手艺、老工匠逐渐从人们的日常生活中消失，但工匠精神永不过时。小到一颗螺丝钉、一块智能芯片，大到卫星、火箭、高铁、航母，它们都离不开新时代劳动者身体力行的工匠精神。

"宜未雨而绸缪，毋临渴而掘井。"随着国内技术的成熟，辅助驾驶赢得了广阔的市场，而如何在市场中找到属于自己的定位并获得自己的份额，是李科一直在探索的。作为在汽车智能硬件领域拥有超过15年行业经验的创始团队，以及实验室、检测室、7条专业生产线，具备软硬件自主设计研发实力的企业，弗浪科技在从原料到出厂的各个环节层层质检、严格筛选，把握产品质量关，让产品成为企业最好的品牌。

因为热爱，所以坚持；因为坚持，所以成就。李科作为匠心精神的传承者，在沉淀中积累经验，在沉淀中打磨产品，让产品不断精进，让中国的高端制造业走在世界前列。

当被问及有什么想对学弟学妹们说的话时，李科首先提到的便是"要确立目标，坚定地朝此奋力拼搏，有回音的山谷值得纵身一跃"。荀子有云：不登高山，不知天之高也；不临深溪，不知地之厚也。"大家还要多和学长们沟通交流，学习他人的优秀经验。要务实一点，踏实一点，机遇从不缺席。"

圆梦的路很长，创业的路很苦，但在李科眼里，只要心怀手可摘星辰的向往，一切都没有那么遥远。

执笔人：信息工程学院 2020 级电气工程及自动化专业　范嘉怡
指导老师：信息工程学院　仲国民

案例分析

"持续降低交通运输的代价"是弗浪科技的使命，也是李科创业的初衷。他迎难而上，永不放弃，吃苦耐劳，爱国敬业，将中国匠心企业家的优良品质展现得淋漓尽致；并以"成就客户，认真负责，诚信自律，勤奋进取，合作共赢"的价值观，为社会创造价值，为客户提供技术。

长期以来，李科一直坚持不断总结，从失败中总结教训，从成功中总结闪光点。不断的总结使得他在失败时也能看到前方成功的曙光，指引他前进，给予他动力。所以，在他的创业过程中，无论多艰难，他也没想过要放弃。经过多年的商海浮沉，李科对待商业和人生的基本态度始终没变，他坚信人要活出自我，主动出击，"我们不要等待机会，要去创造机会"。

正是这样的信念，使李科获得了今日的成功。然而看似轻易的成功并未冲昏他的头脑。"成功只是意味着有很多的试错成本"，这是李科对多年创业生涯的最好总结。

谦逊的品格与过硬的技术，使弗浪科技稳步向前迈进。如今，公司已拥有了一支年轻而富有激情的研发团队，在业界中也有着扎实充足的技术基础和丰富的人脉资源。凭借着这些优势，他们在这样一个井喷的行业里肆意生长。

"折腾未尝不可，但一旦看准了，就要死磕到底。"曾经青涩的少年已焕然蜕变，李科站在全新的路口，思索着过去，展望着未来。

不忘初心，砥砺前行。如今的李科依旧保持着自己鲜明的个性和强烈的好奇心，用清醒的头脑规划着弗浪科技的未来。奋斗不息，追求不止，这数年来，他一直都走在实现目标的道路上。

　　他由当年青涩、张扬的少年成长为了睿智、内敛的成功者，而时光荏苒下不变的是他那颗追光的赤诚之心。相信在李科的带领下，弗浪科技的未来定会是前路光明、来日可期！

　　每条路都有值得抵达的终点。不放弃，不退缩，李科诠释了"刚毅坚卓、自强不息"的奋斗精神，也激励了在校学子以内心理想为方向，以精神世界为导向，勇于在人生与学习路上劈波斩浪，逐梦未来。

执笔人：信息工程学院 2020 级电气工程及自动化专业　刘诗雅

指导老师：信息工程学院　倪　彬